ARD① Buffet

WELTKÜCHE

MEDITERRAN – ORIENTALISCH – ASIATISCH

SCHRITT FÜR SCHRITT

WISSENSWERTES

INHALT

REZEPTE GEGEN FERNWEH

Eine Reise um die Welt, ohne die eigene Küche zu verlassen: Das bietet dieses Buch! Die Köchinnen und Köche aus dem ARD-Buffet entführen Sie nach Thailand und Japan, nach Italien, Portugal und Frankreich, nach Indien und Marokko. Wie bei jeder Reise braucht es ein bisschen Mut, Neues auszuprobieren: ein unbekanntes Gewürz, eine ungewohnte Kombination, eine neue Art der Zubereitung. Dieser Mut wird belohnt, mit neuen Eindrücken für alle Sinne, denn die Weltküche, die wir hier zeigen, ist reich an außergewöhnlichen Gerüchen, Formen und Farben und natürlich neuen Geschmäcken. Nirgends entdeckt man andere Länder und ihre Menschen unmittelbarer als in der Küche – und es macht Spaß, voneinander zu lernen. Vielleicht weckt das eine oder andere Gericht die Erinnerung an einen längst vergessenen Urlaub? Oder die Lust, doch mal hinzufahren und sich Land, Leute und Küche etwas genauer anzuschauen. Mehr Weltküche gibt es jeden Mittwoch im ARD-Buffet, ab 12.15 Uhr im Ersten. Viel Spaß beim Entdecken in den Töpfen der Welt wünscht

Sinje Matzner
(Abteilungsleiterin ARD-Buffet)

REZEPT „AUBERGINE MIT GRANATAPFEL-GURKEN-SALAT" SIEHE S. 14

GEMÜSE & CO.

Knackiges Gemüse, würziger Käse, gesundes Getreide – Genuss ohne Fleisch kann so lecker und vielseitig sein.

SCHAKSCHUKA – POCHIERTE EIER IN TOMATENSUGO

Für 4 Personen | ca. 35 Min. Zubereitung | ca. 25 Min. Garzeit | ca.15 Min. Backzeit | ca. 45 Min. Gehzeit
Rezept von Jacqueline Amirfallah

FÜR DAS FLADENBROT:
½ Würfel Hefe (21 g)
500 g Mehl (Type 550)
+ Mehl zum Bestäuben
10 g Salz
60 ml Olivenöl
etwas frischer Rosmarin
etwas frischer Thymian

FÜR DIE TOMATEN:
1–2 kg aromatische Tomaten
2 rote Zwiebeln
Olivenöl zum Braten
Salz
Zucker
8 Eier

FÜR DEN DIP:
1 Bund Frühlingszwiebeln
1 Bund Petersilie
400 g cremiger Schafskäse

1. Für das Fladenbrot Hefe und 225 ml lauwarmes Wasser in einer Schüssel verrühren. Mehl, Salz und 50 ml Olivenöl nach und nach unterkneten, bis ein glatter, geschmeidiger Teig entsteht. Zugedeckt an einem warmen Ort etwa 30 Minuten gehen lassen.

2. Teig nochmals durchkneten. Ein Backblech mit Backpapier belegen, mit wenig Mehl bestäuben, Teig darauf etwa 1 cm dick ausrollen. Mit den Fingern tiefe Mulden eindrücken. Teig zugedeckt nochmals etwa 15 Minuten gehen lassen. Backofen auf 220°C vorheizen. Fladenbrotteig im Ofen auf der mittleren Schiene etwa 15 Minuten backen. Rosmarin und Thymian waschen, trocken schütteln, Nadeln bzw. Blätter abzupfen und hacken. Brot aus dem Ofen nehmen, mit restlichem Olivenöl dünn bepinseln. Kräuter daraufstreuen und das Brot abkühlen lassen.

3. Für die Tomaten die Tomaten überbrühen, kalt abschrecken, häuten, in Stücke schneiden. Zwiebeln schälen, fein würfeln. Zwiebeln in etwas Olivenöl in einer großen tiefen Pfanne andünsten. Tomaten dazugeben, unter Wenden schmoren, bis die Flüssigkeit fast verdampft ist. Mit Salz und 1 Prise Zucker würzen.

4. Für den Dip die Frühlingszwiebeln putzen, waschen, längs halbieren. Etwa 5 Minuten in eiskaltes Wasser legen. Frühlingszwiebelstreifen trocken tupfen. Das Grüne fein hacken. Petersilie waschen, trocken schütteln, die Blätter abzupfen, ebenfalls fein hacken. Beides mit dem Käse mischen, mit Salz würzen.

5. Sobald die Tomatenflüssigkeit eingekocht ist, Eier aufschlagen und zwischen die Tomaten setzen. Mit Salz würzen und bei schwacher Hitze das Eiweiß fast stocken lassen. Die leicht gestockten Eier in der Pfanne vorsichtig rühren, die Eigelbe sollen noch etwas weich sein. Mit Pfeffer würzen, die weißen Frühlingszwiebelteile und nach Belieben noch rote Zwiebelwürfel darüberstreuen. Schakschuka mit Fladenbrot und Dip servieren.

GEGRILLTER HALLOUMI MIT MINZPESTO UND BAUERNSALAT

Für 4 Personen | ca. 45 Min. Zubereitung | ca.10 Min. Garzeit

Rezept von Jacqueline Amirfallah

FÜR DAS PESTO:

1 Bund Minze
Salz
1 Knoblauchzehe
10 blanchierte Mandeln
5 EL Olivenöl

FÜR DEN SALAT:

2 Fleischtomaten
1 Salatgurke
1 gelbe Paprikaschote
3 Stiele Oregano
2 rote Zwiebeln
20 schwarze Oliven
(z.B. Kalamata-Oliven)
1 Knoblauchzehe
4 EL Olivenöl
Salz • Pfeffer aus der Mühle
Saft von ½ Zitrone

FÜR DEN HALLOUMI:

400 g Halloumi (halbfester
griechischer oder türkischer
Schnittkäse zum Grillen)
1 EL Olivenöl

1. Für das Pesto die Minze waschen und trocken schütteln. Die Blätter abzupfen und kurz in kochendem Salzwasser blanchieren. Herausheben, kalt abschrecken und gut abtropfen lassen. Den Knoblauch schälen und halbieren. Mit Mandeln, Minzeblättern, 1 Prise Salz und dem Olivenöl fein pürieren.

2. Für den Salat die Tomaten kreuzweise einritzen, überbrühen, kalt abschrecken und häuten. Die Gurke schälen. Die Paprikaschote längs halbieren, entkernen und waschen. Alles Gemüse in Scheiben oder Würfel schneiden.

3. Den Oregano waschen, trocken tupfen, die Blätter abzupfen und fein hacken. Die Zwiebeln schälen, halbieren und in feine Ringe schneiden. Die Oliven entsteinen. Den Knoblauch schälen und mit dem Olivenöl fein pürieren. Tomaten, Gurke, Paprika, Zwiebeln, Oliven und Oregano in einer Schüssel locker mischen. Mit Salz, Pfeffer, Zitronensaft und Knoblauchöl mischen.

4. Für den Halloumi den Käse in 4 Stücke teilen, mit Olivenöl bepinseln und auf dem vorgeheizten Grill oder in einer heißen Grillpfanne von beiden Seiten kurz goldbraun angrillen.

5. Den Halloumi auf vier Tellern anrichten, mit Minzpesto beträufeln und mit dem Bauernsalat servieren. Nach Belieben mit Minzeblättern garnieren. Dazu passt Fladenbrot.

FALAFELN MIT TOMATENSAUCE UND MINZJOGHURT

Für 2 Personen | ca. 45 Min. Zubereitung | ca.1 Std. 45 Min. Garzeit | mind. 12 Std. Einweichzeit

Rezept von Jacqueline Amirfallah

FÜR DIE FALAFELN:

200 g getrocknete Kichererbsen
Salz
1 Bund Petersilie
1 Bund Koriander
1 Bund Dill
1 Bund Frühlingszwiebeln
1 TL gemahlener Kreuzkümmel
1 TL Paprikapulver, edelsüß
1 Msp. Backpulver
150 ml Öl zum Frittieren

FÜR DIE SAUCE:

1 Zwiebel
1 Knoblauchzehe
1 Chilischote
2 EL Olivenöl
1 EL Tomatenmark
350 g geschälte Tomaten
(aus der Dose)
Salz
Zucker

FÜR DEN JOGHURT:

2 Stiele Minze
200 g griechischer Joghurt
Salz

1. Am Vortag für die Falafeln die Kichererbsen über Nacht in reichlich Wasser einweichen. Am nächsten Tag in ein Sieb abgießen, abbrausen und die Hälfte der Kichererbsen in einem Topf in leicht gesalzenem Wasser etwa 1½ Stunden weich garen. Abgießen und abtropfen lassen. Für die Garnitur 2 EL der gekochten Kichererbsen beiseitestellen.

2. Petersilie, Koriander und Dill waschen, trocken schütteln, die Blätter bzw. Spitzen abzupfen und grob hacken. Die Frühlingszwiebeln putzen, waschen und grob schneiden. Eingeweichte, ungekochte Kichererbsen ebenfalls abtropfen lassen. Gekochte und rohe Kichererbsen durch die feine Scheibe des Fleischwolfs drehen. Die Masse mit den Kräutern und Frühlingszwiebeln mischen, noch einmal durchdrehen. Mit Kreuzkümmel, Paprikapulver und Salz würzen, das Backpulver unterkneten.

3. Mit angefeuchteten Händen aus der Masse kleine Rollen formen. Das Öl in einer tiefen Pfanne erhitzen, die Röllchen darin goldbraun frittieren. Auf Küchenpapier abtropfen lassen.

4. Für die Sauce Zwiebel und Knoblauch schälen, beides in Würfel schneiden. Die Chilischote längs halbieren, entkernen, waschen und fein hacken. Das Olivenöl in einer Pfanne erhitzen, Zwiebel, Knoblauch und Chili darin andünsten. Tomatenmark und Tomaten dazugeben. Alles etwa 5 Minuten garen, mit Salz und Zucker abschmecken. Die Sauce fein pürieren.

5. Für den Joghurt die Minze waschen, trocken tupfen, die Blätter abzupfen und fein hacken. Den Joghurt glatt verrühren, die Minze daruntermischen und mit Salz abschmecken.

6. Kichererbsen-Röllchen (Falafeln), Tomatensauce und übrige Kichererbsen auf Tellern anrichten. Mit dem Minzjoghurt servieren. Dazu passt Fladenbrot.

AUBERGINE MIT GRANATAPFEL-GURKEN-SALAT

Für 4 Personen | ca. 30 Min. Zubereitung
ca. 25 Min. Garzeit

Rezept von Michael Kempf (Rezeptfoto siehe S. 6)

ZUTATEN:

2 Auberginen (z. B. Rosa Bianca)
ca. 50 ml Öl • 2 Schalotten
2 Knoblauchzehen
400 ml Tomatensaft
Saft und abgeriebene Schale von
1 Bio-Limette
1 TL Harissa (arabische Chili-
Würzpaste)
1 Spritzer Orangenblütenwasser
Ras-el-Hanout (arabische
Würzmischung)
Salz • brauner Zucker
2 Zweige Thymian
1 Salatgurke
2 EL Balsamico bianco
2 EL Rapsöl
weißer Pfeffer aus der Mühle
1 Msp. Tahin (Sesampaste)
1 Granatapfel
1 TL schwarzer Sesamsamen
1 EL Pankobrösel (aus dem
Asialaden; ersatzweise
Semmelbrösel)
1 TL abgeriebene Schale von
1 Bio-Orange • 2 Stiele Minze
2 Stiele Koriander
200 g Joghurt aus Schafsmilch
Currypulver
gemahlener Kreuzkümmel
4 kleine Fladenbrote (oder
1 großes)

1. Auberginen putzen, waschen, in Spalten schneiden. Das Öl in einer Pfanne erhitzen und die Auberginenspalten darin anbraten. Herausnehmen und auf Küchenpapier abtropfen lassen.

2. Schalotten und Knoblauch schälen, in feine Würfel schneiden. Die Hälfte des Knoblauchs und die Schalotten im Bratfett goldgelb anbraten. Den Tomatensaft angießen, die Sauce sämig einkochen lassen. Tomatensauce mit etwas Limettensaft und -schale, Harissa, Orangenblütenwasser, 1 Prise Ras-el-Hanout, Salz und 1 Prise Zucker würzen. Thymian waschen und trocken tupfen. Auberginen und Thymian zur Sauce geben, bei schwacher Hitze weich garen.

3. Die Gurke waschen, vierteln und die Kerne entfernen. Das Fruchtfleisch in feine Würfel schneiden. Essig und Rapsöl verquirlen, mit Salz, Pfeffer und Tahin würzen. Mit den Gurkenwürfeln mischen. Granatapfel rundum andrücken, halbieren, die Kerne mit einem Löffel herausklopfen und untermischen.

4. Sesam und Pankobrösel in einer Pfanne ohne Fett anrösten, mit Salz und Orangenschale würzen. Minze und Koriander waschen, trocken tupfen, die Blätter fein hacken. Mit Joghurt, übrigem Knoblauch und etwas Limettenschale mischen. Mit je 1 Prise Curry und Kreuzkümmel sowie Salz würzen.

5. Den Backofen auf 100 °C erhitzen, Fladenbrot(e) darin kurz erwärmen. Auberginen evtl. ebenfalls kurz erwärmen, mit dem Gurken-Granatapfel-Salat und dem Joghurt anrichten. Brösel-Crunch darauf verteilen und mit dem Brot servieren.

KOHLROULADEN ORIENTALISCHE ART

Für 4 Personen | ca. 25 Min. Zubereitung
ca. 35 Min. Garzeit
Rezept von Jacqueline Amirfallah

FÜR DIE ROULADEN:
70 g Basmatireis
Salz
70 g rote Linsen
1 Spitzkohl
1 rote Zwiebel
1 EL Butterschmalz
¼ TL gemahlene Kurkuma
¼ TL gemahlener Kreuzkümmel
je 1 Bund Koriander, Petersilie
und Dill
1 TL feine Rosinen
Pfeffer aus der Mühle
Saft von 1 Zitrone
etwas Sumach (aus dem orientalischen Lebensmittelladen)

FÜR DEN DIP:
1 Knoblauchzehe
1 EL Milch
200 g griechischer Joghurt
Salz

1. Für die Rouladen den Reis in einem Sieb kalt abspülen und in leicht gesalzenem Wasser etwa 7 Minuten garen. Abgießen, abspülen und abtropfen lassen.

2. Linsen in leicht gesalzenem Wasser weich garen, abtropfen lassen. Vom Spitzkohl die groben, äußeren Blätter entfernen. 12 schöne Blätter vorsichtig ablösen. Kohlblätter in leicht gesalzenem Wasser blanchieren. Abschrecken, halbieren, dabei die dicke Mittelrippe herausschneiden. Blätter gut trocken tupfen.

3. Restlichen Spitzkohl putzen und fein schneiden. Zwiebel schälen und in feine Würfel schneiden. Butterschmalz in einer Pfanne erhitzen, Zwiebel darin andünsten. Gehackten Spitzkohl, Kurkuma und Kreuzkümmel kurz mitbraten.

4. Kräuter waschen, trocken schütteln und fein hacken, 1 EL davon beiseitestellen. Übrige Kräuter, Reis, Linsen, gebratenen Spitzkohl und Rosinen mischen, mit Salz und Pfeffer würzen. Kohlblätter überlappend nebeneinander auslegen. Je 1 EL Füllung daraufgeben, die Seiten einklappen und die Blätter aufrollen. Etwas Wasser und Zitronensaft in einem Topf erhitzen. Kohlrouladen dicht aneinander hineinlegen und mit Sumach bestreuen. Aufkochen und bei schwacher Hitze zugedeckt etwa 15 Minuten dünsten.

5. Inzwischen für den Dip Knoblauch schälen, grob hacken und mit der Milch pürieren. Knoblauchmilch und Joghurt mischen, mit Salz würzen. Die Kohlrouladen mit den restlichen Kräutern und etwas Sumach bestreuen. Den Joghurtdip dazu servieren.

TABOULÉ MIT GEGRILLTER WASSERMELONE

Für 4 Personen | ca. 35 Min. Zubereitung | ca. 10 Min. Garzeit | ca. 20 Min. Ziehzeit

Rezept von Jacqueline Amirfallah

ZUTATEN:

800 g Wassermelone
Salz
Zucker
1 Salatgurke
1 Bund Frühlingszwiebeln
1 Zucchini
1 Bund Petersilie
200 g Instant-Couscous
gemahlener Kreuzkümmel
1 Bio-Zitrone
4 EL Olivenöl
Pfeffer aus der Mühle
2 Stiele Minze
evtl. 50 ml Gemüsebrühe
200 g Feta (Schafskäse)

1. Aus der Wassermelone 8 schöne Stücke (etwa 6 × 4 × 2 cm) schneiden. In einer Schüssel mit etwas Salz und Zucker mischen und ziehen lassen.

2. Restliches Melonenfruchtfleisch in feine Würfel schneiden. Gurke, Frühlingszwiebeln und Zucchini putzen und waschen. Petersilie waschen, trocken schütteln und fein hacken. Gurke längs halbieren, die Kerne entfernen. Fruchtfleisch in sehr feine Würfel schneiden. Frühlingszwiebeln ebenfalls fein schneiden. Couscous mit gewürfelter Melone, Gurke, Frühlingszwiebeln und Petersilie in einer Schüssel gut vermischen. Mit Salz und Kreuzkümmel würzen, etwa 20 Minuten ziehen lassen. Zwischendurch öfter umrühren und auflockern.

3. Die Zitrone heiß waschen, trocken reiben und etwas Schale abreiben. Den Saft auspressen. Den Couscoussalat mit Zitronensaft, etwas Zitronenschale und 3 EL Olivenöl würzen.

4. Die Zucchini in feine Würfel schneiden. In einer Pfanne 1 EL Olivenöl erhitzen, Zucchini darin andünsten. Mit Salz, Pfeffer und Kreuzkümmel würzen. Minze waschen, trocken tupfen und die Blätter fein hacken.

5. Die Wassermelonenstücke trocken tupfen und in einer Grillpfanne oder auf dem vorgeheizten Grill von beiden Seiten braten. Couscoussalat erneut abschmecken, ist er zu trocken, etwas Gemüsebrühe untermischen. Die Hälfte des Fetas in Würfel schneiden und unter den Salat mischen.

6. Den übrigen Feta mit der Minze und den gebratenen Zucchiniwürfeln mischen. Aus der Masse 8 Kugeln formen. Taboulé (Couscoussalat) mit den gegrillten Melonenstücken und den Käsekugeln auf Tellern anrichten und servieren.

PERSISCHER ZUCCHINI-PFANN-KUCHEN MIT BOCKSHORNKLEE

Für 4 Personen | ca. 30 Min. Zubereitung | ca. 20 Min. Garzeit

Rezept von Jacqueline Amirfallah

FÜR DIE PFANNKUCHEN:
2 Zucchini
Salz
20 g getrocknete Bockshorn-kleeblätter (aus dem asia-tischen oder orientalischen Lebensmittelladen)
1 Zwiebel
1 Bund Petersilie
ca. 5 EL Butterschmalz
4 Eier
400 g Mehl
Chiliflocken
evtl. etwas Milch

FÜR DEN SALAT:
4 Strauchtomaten
8 Cocktailtomaten
Saft von ½ Zitrone
2–3 EL Olivenöl
Salz
Zucker

FÜR DIE SCHNITTLAUCH-CREME:
1 Bund Schnittlauch
150 g Crème fraîche
Salz

1. Für die Pfannkuchen die Zucchini putzen, waschen, trocken reiben und auf einer groben Reibe raspeln, anschließend mit Salz würzen. Die Bockshornkleeblätter in Wasser einweichen. Die Zwiebel schälen und in feine Würfel schneiden. Die Peter-silie waschen, trocken schütteln, die Blätter abzupfen und fein hacken.

2. In einer Pfanne 1 EL Butterschmalz erhitzen und die Zwiebel darin andünsten. Die Bockshornkleeblätter ausdrücken und mit anbraten. Etwas abkühlen lassen.

3. Eier und Mehl in einer Schüssel gründlich mit den Quirlen des Handrührgeräts verrühren. Die Zucchiniraspel sehr gut aus-drücken, zur Eier-Mehl-Mischung geben. Zwiebel-Bockshorn-klee-Mischung und Petersilie untermischen. Mit 1 Prise Chili-flocken und Salz würzen. Falls der Teig zu fest ist, noch etwas Milch dazugeben.

4. Den Backofen auf 70 °C vorheizen. Für den Salat die Tomaten kreuzweise einritzen, überbrühen und häuten. Das Tomaten-fruchtfleisch vierteln. Tomaten mit etwas Zitronensaft und dem Olivenöl mischen, mit Salz und 1 Prise Zucker würzen.

5. Das restliche Butterschmalz portionsweise in einer Pfanne er-hitzen und aus dem Teig nach und nach Pfannkuchen backen. Auf einem Teller im Backofen warm halten.

6. Für die Schnittlauchcreme den Schnittlauch waschen, trocken schütteln und in feine Röllchen schneiden. Schnittlauch und Crème fraîche mischen, die Creme mit Salz abschmecken.

7. Die Zucchinipfannkuchen mit dem Tomatensalat und der Schnittlauchcreme servieren.

BESTE ZUTATEN AUS ASIEN UND DEM ORIENT

ASIATISCHE FRISCHE UND AROMENVIELFALT

Die Küche Asiens ist ebenso vielfältig wie die Regionen, in denen sie gekocht wird. Thailand, Japan, China, Indien – jedes Land und jede Region schöpft aus einem Füllhorn an unterschiedlichen Gewürzen, Kräutern und Gemüsen, die variantenreich verarbeitet und genossen werden. Eine Klammer, die um die „eine" asiatische Küche passen würde, lässt sich unmöglich finden. Essen bedeutet im asiatischen Raum viel mehr als nur reine Nahrungsaufnahme. Man geht davon aus, dass der Mensch sich nur wohlfühlen kann, wenn er gut und ausreichend zu sich genommen hat – und dafür wird Sorge getragen. Diese Wertschätzung der Ernährung geht sogar über die Grenzen des Lebens hinaus: Selbst den Geistern der Toten werden Köstlichkeiten dargeboten. Grundlage und Hauptnahrungsmittel der oft armen Bevölkerung ist **Reis**. China ist der größte Exporteur von Reis weltweit. Jasminreis, auch Duftreis genannt, wird vor allem im nördlichen Thailand angebaut und begleitet hier jede Speise. Charakteristisch für die Küche Thailands ist Frische: Für Thai-Currys, Suppen oder Thai-Snacks werden hauptsächlich **Gemüse** und **Kräuter** verarbeitet und mit **Gewürzen** verfeinert. Der frische Geschmack von **Ingwer**, **Koriander** und **Limette** findet häufig scharfe Begleiter in Form von **Knoblauch**, **Zitronengras** und **Chili**. Zu Pasten verrührt, bilden sie die Grundlage für die allerorts beliebten Currys, gern in Kombination mit der sämigen Süße von **Kokosmilch**.

Typisch für die asiatische Küche ist **Soja**: als Keimlinge, den **Sprossen**, oder zu einer festen Masse gepresst, dem **Tofu**. Gekocht oder gebraten, ist Tofu eine beliebte Zutat in vielen Gerichten und gleicht als Einweißlieferant das Defizit von überwiegend vegetarischer Ernährung aus.

Gekocht wird in den meisten asiatischen Ländern mit Vorliebe im Wok: Gemüse, Fleisch, Kräuter und Gewürze werden in Öl kurz gebraten, häufig mit Kokosmilch abgelöscht, fertig. Vitamine und Inhaltsstoffe werden bei dieser Zubereitungsart beinahe vollständig erhalten, was auch erklärt, warum sich die asiatische Küche hierzulande bei Ernährungsbewussten großer Beliebtheit erfreut.

GERICHTE AUS 1001 NACHT

Bunt, märchenhaft und voller köstlicher Gerüche: Der Orient mit seiner verzauberten Exotik zieht uns Europäer seit jeher in seinen Bann. Er erstreckt sich über Afrika und Asien, umfasst die nordafrikanischen Maghreb-Staaten sowie den Nahen Osten. Die überwiegend muslimische Bevölkerung verzichtet größtenteils auf Schweinefleisch, weshalb vor allem **Lamm**, **Hülsenfrüchte** und frisches **Gemüse** auf der Speisekarte stehen. Grundzutaten sind **Reis**, **Bulgur** oder **Couscous**, aus Hartweizen gewonnenem Weizenschrot oder -grieß, der über Dampf gegart wird. Vor allem im Nahen Osten wird zu Hauptgerichten gern dünnes **Fladenbrot** gereicht, das je nach Region Yufka, Lafa, Tabun, Markuk oder Schrak genannt wird. Der einfache Yufka-Teig aus Mehl, Wasser und wenig Salz, dient in dünne Teigschichten ausgerollt und mehrmals zusammengefaltet, süß und salzig als knuspriger Mantel für feine Füllungen. Die feinwürzige Aromatik orientalischer Gerichte, Eintöpfe und Pasten ist das Produkt einer harmonischen Komposition vieler unterschiedlicher Gewürze. Frische **Kräuter** wie **Minze** und **Koriander** verleihen jedem noch so einfachen Gericht würzige Frische. Die mitunter sehr scharfen Speisen bekommen einen ausgleichenden Gegenpart in feinsäuerlichem **Joghurt**, der gleichzeitig als Eiweißquelle dient.

Die süße Seite des Orients reicht von der sirupgetränkten Üppigkeit Persiens bis zur feinen Backkunst Syriens. Verwendet werden hier mit Vorliebe **Pistazien**, die in dieser Region besonders gut gedeihen. Für Süßes und Salziges wird **Granatapfel** verwendet, nach dessen angenehm-säuerlich schmeckenden Kernen mittlerweile weltweite Nachfrage besteht.

Die traditionellen Zubereitungsarten mancher Gerichte erinnern immer noch an das Nomadenvolk früherer Zeiten. In reichlich Salz haltbargemachte **Zitronen** sind typisch für die Küche Marokkos. Die Tajine, ein kuppelförmiger Schmortopf, wurde traditionell in Holzkohlefeuer gesetzt und ihr Inhalt darin lang und schonend gegart. Anschließend bedienten sich Familie und Gäste direkt aus dem oft reich verzierten Gefäß.

TOFU MIT SHIITAKEPILZEN UND WOKGEMÜSE

Für 4 Personen | ca. 25 Min. Zubereitung | ca. 20 Min. Garzeit | ca. 3 Std. Marinierzeit

Rezept von Jacqueline Amirfallah

FÜR DEN TOFU:
ca. 5 g Ingwer
1 Knoblauchzehe
je 5 EL Ketjap manis und Ketjap asin (indonesische Würzsaucen; aus dem Asialaden)
500 g fester Tofu
2 EL Erdnussöl

FÜR REIS UND GEMÜSE:
200 g Duft- oder Jasminreis
Salz
2 Möhren
1 Pak Choi (asiatische Kohlart)
100 g Shiitakepilze (ersatzweise rosé Champignons)
100 g Sojasprossen
1 Bund Koriander
100 g geröstete, ungesalzene Erdnüsse
2 EL Erdnussöl

1. Für den Tofu Ingwer und Knoblauch schälen und in sehr feine Würfel schneiden. Mit Ketjap-manis- und Ketjap-asin-Sauce zu einer Marinade vermischen. Tofu evtl. entwässern und in etwa 5 cm große Stücke schneiden. In einer flachen Form gleichmäßig mit der Mariande beträufeln. Mit Frischhaltefolie bedeckt im Kühlschrank etwa 3 Stunden ziehen lassen (alternativ in einem Vakuumbeutel vakuumieren und etwa 3 Stunden marinieren).

2. Für Reis und Gemüse den Reis nach Packungsanweisung in Salzwasser garen. Die Möhren putzen, schälen und in feine, etwa 6 cm lange Streifen schneiden. Pak Choi putzen, waschen, abtropfen lassen und in Streifen schneiden. Shiitakepilze putzen, ebenfalls in Streifen schneiden. Sojasprossen in einem Sieb heiß abbrausen und abtropfen lassen. Koriander waschen, trocken schütteln und fein hacken. Erdnüsse grob hacken.

3. In einem Wok oder einer tiefen Pfanne 2 EL Erdnussöl erhitzen. Möhrenstreifen, Pak Choi und Pilze darin unter Wenden kräftig anbraten.

4. Die Tofuscheiben aus der Marinade nehmen und etwas abtupfen, die Marinade beiseitestellen. 2 EL Erdnussöl in einer Pfanne erhitzen, die Tofustücke darin rundum goldbraun anbraten. Sojasprossen zum Gemüse in den Wok geben, mit der übrigen Marinade ablöschen und unter Rühren noch einmal kräftig aufkochen. Gehackte Erdnüsse und Koriander unter das Gemüse mischen, nochmals mit den Würzsaucen abschmecken.

5. Den Reis abtropfen lassen und mit der Gabel auflockern. Gemüse, Tofu und Reis auf Tellern anrichten, nach Belieben mit Korianderblättern garnieren und servieren.

LINSEN-DAL PUNJAB-ART

Für 4 Personen | ca. 15 Min. Zubereitung
ca. 1 Std. 20 Min. Garzeit | ca. 12 Std. Einweichzeit
Rezept von Nicole Just

ZUTATEN: 200 g braune Linsen • 1 große Zwiebel
2 Knoblauchzehen • ca. 5 g Ingwer • 1 Chilischote
2 EL Öl • 150 g gelbe oder rote Linsen • 3 TL Garam
Masala (indische Würzmischung) • 2 Lorbeerblätter
400 g stückige Tomaten (aus der Dose oder während
der Saison frisch) • 1½ TL Salz • 2 TL Zucker
AUSSERDEM: ½ Bund Koriander • etwas Ingwer

1. Am Vortag braune Linsen abbrausen, in der doppelten Menge Wasser über Nacht einweichen. Am nächsten Tag abgießen und abtropfen lassen.

2. Zwiebel, Knoblauch und Ingwer schälen, in feine Würfel schneiden. Chilischote längs halbieren, entkernen, waschen und klein schneiden.

3. In einer Pfanne das Öl erhitzen. Zwiebel, Knoblauch und Ingwer darin 1 Minute unter Rühren andünsten. Braune und gelbe oder rote Linsen 3 bis 4 Minuten mitbraten. Mit 600 ml Wasser ablöschen, Garam Masala, Lorbeerblätter und die Hälfte der Tomaten dazugeben und zugedeckt 45 Minuten köcheln lassen. Ein Drittel der Linsen mit etwas Kochflüssigkeit herausnehmen, pürieren und zurück in den Topf geben. Mit Salz und Zucker weitere 20 bis 30 Minuten zugedeckt garen.

4. Die gekochten Linsen unter die übrigen Tomaten rühren. Koriander waschen, trocken schütteln, grob hacken. Ingwer in sehr dünne Streifen schneiden.

5. Das Dal mit Koriander und Ingwer bestreut servieren. Dazu passt Ballonbrot (siehe S. 131).

VEGETARISCHE SUSHI-BOWL

Für 4 Personen | ca. 30 Min. Zubereitung | ca. 50 Min. Garzeit | ca.15 – 20 Min. Marinierzeit
Rezept von Nicole Just

FÜR DEN REIS:
400 g Rundkornreis (Milch-,
Risotto- oder Sushireis)
Salz • 3 EL Reisessig

**FÜR DIE TERIYAKISAUCE UND
DEN TEMPEH:**
2 Knoblauchzehen • 6 g Ingwer
200 ml Soja- oder Tamarisauce
200 ml Sake (japan. Reiswein)
6 EL Mirin (japan. Reiswein)
5 EL Ahornsirup oder
Agavendicksaft
400 g Tempeh • 3 EL Öl

FÜR DIE CHILI-MAYONNAISE:
2½ EL Sojadrink (ungesüßt und
ohne Zusätze)
80 ml Öl (z. B. Sonnenblumenöl)
2 TL Balsamico bianco
1½ EL Ahornsirup
1 TL Senf (mittelscharf)
Salz • ½ TL weißer Pfeffer aus
der Mühle
Kala Namak (schwarzes Salz)
1 EL Chilisauce

FÜR DIE PILZE:
400 g Shiitakepilze (oder Aus-
ternpilze) • Saft von ½ Zitrone
2 EL geröstetes Sesamöl
2 EL Soja- oder Tamarisauce
3 TL Sesamsamen
Pfeffer aus der Mühle

AUSSERDEM:
2 kleine, reife Avocados
1 Spritzer Zitronensaft
1 Salatgurke • 1 großes Noriblatt
4 EL Sushi-Ingwer

1. Für den Reis den Reis mehrmals in einer Schüssel mit kaltem Wasser waschen, bis das Wasser klar bleibt. Auf einem Sieb abtropfen lassen und nach Packungsanweisung in leicht gesalzenem Wasser garen. Überschüssiges Wasser abgießen, Reisessig und 1 Prise Salz hinzufügen und unterheben. Abkühlen lassen.

2. Für die Teriyakisauce Knoblauch und Ingwer schälen, fein reiben. Mit Soja- oder Tamarisauce, Sake, Mirin und Ahornsirup in einem Topf aufkochen, etwa 20 Minuten auf die Hälfte reduzieren. Immer wieder umrühren. Abkühlen lassen. Tempeh in 5 mm dicke Scheiben schneiden, auf einem Teller mit 8 EL Teriyakisauce beträufeln, etwa 15 bis 20 Minuten ziehen lassen.

3. Für die Chili-Mayonnaise Sojadrink und Öl in einem hohen Gefäß mit dem Stabmixer aufmixen, dabei am Boden des Gefäßes beginnen und den Stab langsam nach oben ziehen. So lange mixen, bis eine helle Creme entsteht. Mit Balsamico, Ahornsirup, Senf, Salz, Pfeffer, Kala Namak und Chilisauce abschmecken.

4. Für die Pilze die Pilze putzen und die Stiele entfernen, die Hüte in feine Scheiben schneiden. Zitronensaft, Sesamöl und Soja- oder Tamarisauce vermengen. Marinade und Pilze mischen, Sesamsamen unterheben und mit Pfeffer würzen. Beiseitestellen.

5. In einer Pfanne 3 EL Öl erhitzen, Tempeh darin rundum goldbraun anbraten. 5 bis 6 EL Teriyakisauce dazugeben, die Temperatur reduzieren und den Tempeh 3 bis 4 Minuten braten, bis die Flüssigkeit verkocht ist und der Tempeh glänzt.

6. Avocados halbieren, den Stein entfernen. Avocadohälften schälen und in dünne Scheiben schneiden, mit Zitronensaft beträufeln. Die Gurke waschen, längs halbieren und die Kerne entfernen, in 1 cm große Würfel schneiden. Das Noriblatt in fingerdicke Streifen schneiden. Den Reis auf vier Schüsseln verteilen. Pilz- und Avocadoscheiben, Gurkenwürfel und Noristreifen dazugeben. Mit Chili-Mayonnaise und Sushi-Ingwer servieren.

MUSKATBLÜTEN-CHURROS MIT GEMÜSE-CHUTNEY

Für 4 Personen | ca. 45 Min. Zubereitung | ca. 35 Min. Garzeit

Rezept von Jörg Sackmann

FÜR DIE CHURROS:

500 g Kartoffeln
Salz
125 g Sahne
125 ml Milch
70 g Butter
200 g Mehl
4 Eier
4 Msp. gemahlene Macis
(Muskatblüte)
weißer Peffer aus der Mühle
Frittierfett
¼ junge Lauchstange
1 Msp. Piment d'Espelette

FÜR DAS CHUTNEY:

200 g Tomaten
150 g Zwiebeln
1 kleine Knoblauchzehe
500 g Zucchini
2 EL Olivenöl
1 EL Tomatenmark
100 ml weißer Tomatenessig
100 g Gelierzucker (3:1)
1 Msp. Piment d'Espelette
½ TL Paprikapulver
½ TL gemahlene Macis
(Muskatblüte)
Salz
weißer Pfeffer aus der Mühle
½ Bund Petersilie
2 Stiele Koriander
8 grüne Oliven (ohne Stein)
20 g Pistazienkerne
50 g Rosinen

1. Für die Churros Kartoffeln schälen und in Salzwasser garen. Sahne, Milch und Butter in einem Topf aufkochen. Mehl gründlich einrühren, bis eine weißliche Schicht am Topfboden entsteht. Topf vom Herd nehmen, den Teig abkühlen lassen.

2. Für das Chutney Tomaten kreuzweise einritzen, überbrühen, häuten, vierteln und entkernen, Viertel in Würfel schneiden. Zwiebeln und Knoblauch schälen und in feine Würfel schneiden. Zucchini putzen und waschen, ebenfalls in Würfel schneiden. Zwiebeln und Tomatenwürfel in 1 EL Olivenöl andünsten. Knoblauch und Tomatenmark dazugeben, mit Tomatenessig ablöschen und den Zucker unterrühren. Einkochen lassen, mit Piment d'Espelette, Paprika, Macis, Salz und Pfeffer würzen.

3. Zucchini in 1 EL Olivenöl anbraten, mit Salz und Pfeffer würzen. Zum Chutneyansatz geben und etwa 10 Minuten mitköcheln lassen. Petersilie und Koriander waschen, trocken tupfen, Blätter fein hacken. Oliven in Streifen schneiden. Pistazien halbieren, mit Kräutern, Rosinen und Oliven zum Chutney geben. Nochmals aufkochen, abschmecken und etwas abkühlen lassen. Die Kartoffeln ausdampfen lassen, dann passieren.

4. Teig in eine Schüssel geben, Eier nach und nach unterrühren. Die Kartoffeln untermischen. Mit 2 Msp. Macis, Salz und Pfeffer würzen. Fett auf 170 °C erhitzen. Inzwischen für die Gewürzmischung Lauch putzen, waschen und fein würfeln. 1 EL Lauchwürfel mit 1 EL Salz, 2 Msp. Macis, 1 Msp. Piment d'Espelette und etwas weißem Pfeffer aus der Mühle mischen.

5. Die Teigmasse in einen Spritzbeutel mit großer Sterntülle geben, etwa 10 cm lange Streifen ins heiße Fett spritzen und goldbraun ausbacken. Herausnehmen, in der Gewürzmischung wenden. Churros mit dem lauwarmen Chutney anrichten.

TEXMEX-BOWL MIT GEWÜRZ-QUINOA UND KÜRBIS

Für 4 Personen | ca. 30 Min. Zubereitung | ca. 50 Min. Garzeit | mind. 6 Std. Einweichzeit

Rezept von Nicole Just

FÜR BOHNEN UND KÜRBIS:

250 g getrocknete schwarze Bohnenkerne (oder Kidneybohnen)
500 g Hokkaidokürbis
Salz
4 EL Öl
Fett für das Blech
½ Bund Zitronenthymian
3 EL Sojasauce
1–2 EL Ahornsirup
1 EL Weißweinessig
1 kleine Chilischote
1 EL Tomatenmark
1 EL Mehl
2 Stiele Bohnenkraut

FÜR DIE QUINOA:

2 TL Korianderkörner
200 g Quinoa
½ TL gemahlener Kreuzkümmel
½ TL gemahlene Kurkuma
frisch geriebene Muskatnuss
Salz

FÜR GUACAMOLE UND SALAT:

6 Frühlingszwiebeln
2 kleine Avocados (Sorte „Hass")
Salz
Saft von 1 Limette
5 Stiele gehackter Koriander
500 g Cocktailtomaten
2 TL Ahornsirup
½ TL Pfeffer aus der Mühle

1. Für Bohnen und Kürbis die Bohnen in der dreifachen Menge Wasser mindestens 6 Stunden einweichen. Abgießen, gut mit Wasser bedeckt 40 bis 45 Minuten weich garen. Inzwischen den Backofen auf 200 °C vorheizen. Kürbis waschen, entkernen, in 1 cm breite Spalten schneiden. Mit Salz und 2 EL Öl mischen. Den Kürbis auf ein gefettetes Backblech geben und im Ofen auf der mittleren Schiene etwa 20 Minuten backen.

2. Für die Quinoa die Korianderkörner anrösten. Gewaschene Quinoa, Kreuzkümmel, Kurkuma und je 2 Prisen Muskatnuss und Salz dazugeben. 450 ml Wasser angießen, köcheln lassen, bis das gesamte Wasser aufgenommen wurde.

3. Für die Kürbismarinade den Thymian waschen, trocken tupfen und fein hacken. Mit 1 EL Sojasauce, etwas Ahornsirup und dem Essig verrühren, über den gebackenen Kürbis träufeln.

4. Für Guacamole und Salat die Frühlingszwiebeln putzen und waschen. Weiße und grüne Teile getrennt fein schneiden, weiße Teile für die Bohnen beiseitelegen. Avocados entsteinen und schälen. Das Fruchtfleisch mit etwas Salz und Limettensaft cremig vermischen. 1 EL grüne Frühlingszwiebelringe und Koriander unterrühren. Tomaten waschen und vierteln. Mit den übrigen grünen Frühlingszwiebelringen vermengen. Mit Salz, Ahornsirup und Pfeffer marinieren.

5. Chili längs halbieren, entkernen, waschen und fein hacken. Weiße Frühlingszwiebelringe und Tomatenmark in 2 EL Öl leicht braun anrösten. Mit Mehl bestäuben und anschwitzen. Mit 200 ml Wasser ablöschen. Bohnenkraut waschen und trocken tupfen. Mit der restlichen Sojasauce und der Chili dazugeben. Die Bohnen abgetropft ebenfalls dazugeben. Sämig einköcheln lassen und abschmecken. Bohnen, Quinoa, Kürbisspalten, Guacamole und Tomatensalat anrichten und servieren.

REZEPT
„RAVIOLI MIT
SPINAT-MINZE-
FÜLLUNG"
SIEHE S. 37

PASTA, REIS & CO.

Zutaten aus aller Welt sorgen
bei Nudeln und Getreide
für geschmackvolle Abwechslung.
Die Reise um den Globus
beginnt in Italien.

PAPPARDELLE MIT RINDERFILET-STREIFEN, LARDO UND PILZEN

Für 2 Personen | ca. 45 Min. Zubereitung | ca. 25 Min. Garzeit | ca.1 Std. Ruhezeit

Rezept von Rainer Klutsch

FÜR DIE PAPPARDELLE:
200 g Hartweizenmehl
+ Hartweizenmehl zum
Bestäuben
2–3 Eier
2 EL Sonnenblumenöl
Salz

FÜR FILET, LARDO UND PILZE:
100 g gemischte Pilze
(z.B. Pfifferlinge, Steinpilze,
Champignons)
1 Zwiebel
1 Knoblauchzehe
60 g Lardo (ital. fetter Speck)
250 g Rinderfilet
3 EL Olivenöl
Salz • Pfeffer aus der Mühle
100 ml Rotwein
150 ml Bratensauce
(aus dem Glas)
½ Bund Petersilie
½ Bund Basilikum

AUSSERDEM:
10 g Trüffel der Saison (nach
Belieben)

1. Für die Pappardelle Mehl, 2 Eier, Öl und 1 Prise Salz zu einem glatten, geschmeidigen Teig verkneten. Ist dieser zu fest, noch 1 Ei dazugeben, sollte er kleben, noch etwas Mehl unterkneten. Den Teig in Frischhaltefolie gewickelt mindestens 1 Stunde im Kühlschrank ruhen lassen.

2. Den Nudelteig am besten mit der Nudelmaschine zu dünnen Bahnen ausrollen, mit etwas Mehl bestäuben und locker zusammenrollen. In fingerdicke Rollen schneiden. Die Nudelstreifen vorsichtig auseinanderziehen, auf einen mit Mehl bestäubten Teller geben.

3. Für Filet, Lardo und Pilze die Pilze putzen, je nach Größe halbieren oder vierteln. Zwiebel und Knoblauch schälen, fein würfeln. Den Lardo in feine Streifen schneiden. Das Filet ebenfalls in Streifen schneiden. 1 EL Olivenöl in einer Pfanne erhitzen, die Filetstreifen darin etwa 2 Minuten kräftig anbraten. Herausnehmen, mit Salz und Pfeffer würzen und warm stellen.

4. In der Pfanne das restliche Olivenöl erhitzen, die Pilze darin anbraten. Herausnehmen, mit Salz und Pfeffer würzen und beiseitestellen. Zwiebel und Knoblauch im Bratfett andünsten. Mit Wein und Bratensauce ablöschen, fast vollständig einkochen lassen und abschmecken.

5. Lardo in einer weiteren Pfanne knusprig auslassen. Petersilie und Basilikum waschen, trocken schütteln, die Blätter fein hacken.

6. Die Nudeln in reichlich kochendem Salzwasser portionsweise 2 bis 3 Minuten bissfest garen. Pilze und Fleisch in die Sauce geben und etwa 1 Minute erhitzen. Die Nudeln abgießen, abtropfen lassen und mit der Sauce vermengen. Die Kräuter untermischen. Die Pasta mit knusprigem Lardo bestreut servieren. Nach Belieben Trüffel darüberhobeln.

SPAGHETTI MIT BOHNEN UND PESTO

Für 4 Personen | ca. 20 Min. Zubereitung
ca.10 Min. Garzeit

Rezept von Sören Anders

ZUTATEN:

350 g grüne Bohnen
250 g festkochende Kartoffeln
Salz
300 g Spaghetti
2 Bund Basilikum
2 Knoblauchzehen
100 g Parmesan (am Stück)
40 g Pinienkerne
120 ml Olivenöl
Pfeffer aus der Mühle

1. Die Bohnen putzen, waschen, abtropfen lassen und nach Belieben halbieren. Die Kartoffeln schälen, waschen und in kleine Würfel schneiden.

2. In einem Topf etwa 2 l Wasser aufkochen und salzen. Spaghetti, Bohnen und Kartoffeln darin unter gelegentlichem Rühren 8 bis 10 Minuten bei mittlerer Hitze garen.

3. Inzwischen für das Pesto das Basilikum waschen, trocken schütteln und die Blätter abzupfen. Den Knoblauch schälen und grob hacken. Den Parmesan fein reiben.

4. Pinienkerne, Basilikum, Knoblauch und etwas Olivenöl in einem hohen Gefäß mit dem Stabmixer pürieren. Nach und nach das übrige Olivenöl untermixen. Den Parmesan unterrühren. Das Pesto mit Salz und Pfeffer abschmecken.

5. Spaghetti, Bohnen und Kartoffeln abgießen und abtropfen lassen, dabei etwas Kochwasser auffangen. Das Pesto mit etwas Kochwasser flüssiger rühren, zur Pasta-Mischung geben und alles durchschwenken.

6. Die Pasta auf vorgewärmten Tellern anrichten, mit Pfeffer würzen und servieren.

RAVIOLI MIT SPINAT-MINZE-FÜLLUNG

Für 4 Personen | ca. 40 Min. Zubereitung
ca. 25 Min. Garzeit | ca. 30 Min. Ruhezeit
Rezept von Vincent Klink (Rezeptfoto siehe S. 32)

FÜR DEN TEIG:
120 g Mehl
60 g Hartweizenmehl
2 Eier
1 EL Olivenöl
Salz

FÜR DIE FÜLLUNG:
300 g Blattspinat
1 Stiel marokkanische Minze
1 Schalotte
3 EL Butter
Salz • Pfeffer aus der Mühle
frisch geriebene Muskatnuss
100 g fein geriebener Parmesan

FÜR DIE SAUCE:
2 Schalotten
2 EL Butter
250 g Erbsen (frisch oder TK)
150 ml Gemüsebrühe
frisch geriebene Muskatnuss
Zucker
Salz • Pfeffer aus der Mühle

1. Für den Teig beide Mehle, Eier, Olivenöl und 1 Prise Salz zu einem geschmeidigen, festen Teig verkneten. In Frischhaltefolie gewickelt 30 Minuten im Kühlschrank ruhen lassen.

2. Für die Füllung Spinat verlesen, waschen, abtropfen lassen. Grobe Stiele entfernen. Minze waschen, trocken tupfen, fein hacken. Schalotte schälen, fein würfeln und in 2 EL Butter in einem Topf andünsten. Spinat dazugeben, zusammenfallen lassen, mit Salz, Pfeffer, 1 Prise Muskat und etwas Minze würzen. Spinat gut ausdrücken, fein hacken. Parmesan untermischen.

3. Teig mit Nudelmaschine oder Nudelholz zu dünnen Bahnen (à 12 cm breit) ausrollen. Spinat-Käse-Masse in kleinen Häufchen mit je etwa 3 cm Abstand zueinander auf eine Teigbahn setzen. Teigränder mit etwas Wasser bestreichen und eine weitere Teigbahn auflegen. Teigränder und Zwischenräume andrücken. Mit einem Teigrad oder Messer Ravioli ausschneiden.

4. Für die Sauce Schalotten schälen, in feine Würfel schneiden und in einem Topf in der Butter andünsten. Die Erbsen dazugeben, die Brühe angießen, mit etwas Muskat, 1 Prise Zucker, Salz und Pfeffer würzen. Erbsen zugedeckt etwa 10 Minuten weich garen. Alles fein pürieren, durch ein Sieb streichen und abschmecken.

5. Ravioli in kochendem Salzwasser etwa 4 Minuten garen. Abtropfen lassen und in einem Topf mit 1 EL Butter durchschwenken. Die Ravioli mit der Erbsensauce und nach Belieben mit Minzeblättern und Erbsen garniert servieren.

ZIEGENKÄSE-FEIGEN-TORTELLINI MIT ZITRONEN-CUMIN-JOGHURT

Für 4 Personen | ca. 40 Min. Zubereitung | ca. 45 Min. Garzeit | ca.1 Std. Ruhezeit

Rezept von Ali Güngörmüs

FÜR DEN TEIG:
250 g Mehl
+ Mehl für die Arbeitsfläche
5 Eigelb
50 g Butter
+ Butter zum Glasieren
Salz

FÜR DEN SUGO:
800 g Tomaten (aus der Dose)
3 Zwiebeln
2 Knoblauchzehen
5 EL Olivenöl
Salz • Zucker
je 2 Zweige Rosmarin und
Thymian
1 TL getrockneter Oregano
12 Cocktailtomaten
Cayennepfeffer

FÜR DIE FÜLLUNG:
30 g geröstete Sonnen-
blumenkerne
50 g getrocknete Feigen
100 g Ziegenfrischkäse
Salz • Pfeffer aus der Mühle
1–2 Eier

FÜR DEN JOGHURT:
300 g türkischer Joghurt
3 EL Olivenöl
½ TL gemahlener Kreuzkümmel
(Cumin)
abgeriebene Schale von
1 Bio-Zitrone
Salz • Cayennepfeffer

1. Für den Teig Mehl, Eigelbe, Butter und 1 Prise Salz zu einem glatten Teig verkneten. In Frischhaltefolie gewickelt 1 Stunde im Kühlschrank ruhen lassen.

2. Für den Sugo die Dosentomaten pürieren. Zwiebeln und Knoblauch schälen und in feine Würfel schneiden. 2 EL Olivenöl in einem Topf erhitzen, Zwiebel und Knoblauch darin andünsten. Mit Salz und Zucker würzen. Die Kräuter waschen und trocken tupfen. Mit Oregano und pürierten Tomaten dazugeben, etwa 40 Minuten köcheln lassen. Cocktailtomaten überbrühen, häuten und halbieren. Mit restlichem Olivenöl unter den Sugo rühren. Mit Salz, Zucker und Cayennepfeffer abschmecken.

3. Für die Füllung Sonnenblumenkerne und Feigen sehr fein hacken, mit dem Käse verrühren und die Mischung mit Salz und Pfeffer würzen.

4. Für den Joghurt den Joghurt, Olivenöl, Kreuzkümmel und Zitronenschale verrühren, mit Salz und Cayennepfeffer würzen.

5. Den Teig mit der Nudelmaschine oder dem Nudelholz zu dünnen Bahnen ausrollen und auf der bemehlten Arbeitsfläche ausbreiten. Im Abstand von etwa 5 cm Füllung in kleinen Nocken auf dem Teig verteilen, Kreise darum herum ausstechen. Die Teigränder mit verquirltem Ei bestreichen, die Kreise jeweils zu Halbmonden zusammenklappen und zu Tortellini formen. In kochendem Salzwasser etwa 3 Minuten bissfest garen, abtropfen lassen. Mit etwas Butter und Nudelwasser glasieren.

6. Den Joghurt auf vorgewärmten Tellern verteilen, Tomatensugo und Tortellini darauf anrichten. Nach Belieben mit Rosmarinnadeln, Sonnenblumenkernen, Zitronenschale und Kreuzkümmelsamen garnieren. Dazu passen auch gebratene Sucuk (türkische Wurst), Basilikum und Portulak.

KÜRBIS-GNOCCHI
MIT SALBEI UND PANCETTA

Für 4 Personen | ca. 35 Min. Zubereitung | ca. 45 Min. Garzeit
Rezept von Jacqueline Amirfallah

ZUTATEN:
600 g Hokkaidokürbis
500 g mehligkochende Kartoffeln
1 Bund Salbei
3 EL Butter
Mehl für die Arbeitsfläche
2 Eigelb
ca. 3 EL Kartoffelstärke
Salz
50 g Pancetta (ital. Bauchspeck)
80 g Parmesan (am Stück)
Pfeffer aus der Mühle

1. Den Backofen auf 190°C vorheizen. Kürbis waschen, vierteln und die Kerne mit einem Löffel entfernen. Kürbiskerne in einem Topf mit Wasser bedeckt köcheln lassen.

2. Kartoffeln waschen. Kartoffeln und Kürbis auf einem mit Backpapier belegten Backblech im Ofen auf der mittleren Schiene etwa 35 Minuten backen.

3. Inzwischen Salbei waschen, trocken schütteln, Blätter abzupfen. Einige Blätter beiseitelegen, restliche Blätter fein hacken. 2 EL Butter in einer Pfanne erhitzen, gehackten Salbei darin kurz anbraten. Kürbiskernbrühe passieren und beiseitestellen.

4. Kartoffeln und Kürbis leicht abkühlen lassen. Kartoffeln halbieren, Fruchtfleisch aus den Schalen kratzen. Kürbis in Würfel schneiden. Kürbis und Kartoffelmus durch eine Kartoffelpresse drücken, locker auf einem bemehlten Holzbrett verteilen. Eigelbe, Salbeibutter, Kartoffelstärke und 1 gute Prise Salz auf die Kartoffelmasse geben, alles rasch und nicht zu stark verkneten.

5. Den Teig zu Rollen (Ø 1,5 cm) formen (ist er zu spröde, etwas Butter dazugeben). Rollen in 1 cm große Stücke schneiden, mit einer Gabel Rillen eindrücken. Gnocchi in reichlich siedendem Salzwasser einige Minuten garen. Abtropfen lassen.

6. Pancetta in feine Würfel schneiden, in einer Pfanne anbraten. Die Gnocchi kurz mitbraten. Mit den restlichen Salbeiblättern kurz durchschwenken.

7. Die Hälfte des Parmesans fein reiben. Kürbiskernbrühe erhitzen, 1 EL Butter und den geriebenen Parmesan unterrühren. Sauce mit Salz und Pfeffer abschmecken. Gnocchi auf tiefe Teller verteilen, mit der Kürbissauce anrichten. Restlichen Parmesan in Späne hobeln und darüberstreuen.

ARANCINI DI RISO

Für 4–6 Personen | ca. 30 Min. Zubereitung | ca. 40 Min. Garzeit

Rezept von Jacqueline Amirfallah

ZUTATEN:
ca. ½ l Hühnerbrühe
2 Zwiebeln
ca. 5 EL Olivenöl
300 g Risottoreis (z. B. Carnaroli oder Vialone Nano)
ca. 50 ml trockener Weißwein
2 EL Butter
50 g geriebener Parmesan
1 Knoblauchzehe
einige Zweige Thymian
200 g Scamorza (ähnl. Mozzarella)
100 g Lardo oder Pancetta (ital. fetter Speck bzw. Bauchspeck)
1 kg Tomaten oder Cocktailtomaten
Salz • Pfeffer aus der Mühle
Zucker
2 Eier
ca. 100 g Paniermehl
ca. 1 l Öl zum Frittieren
1 Bund Basilikum

1. Die Brühe erhitzen. 1 Zwiebel schälen, in Würfel schneiden und in einem Topf in etwas Olivenöl andünsten. Den Reis kurz mit andünsten. Mit Wein ablöschen, etwas einkochen lassen. Nach und nach gerade so viel heiße Brühe angießen, dass der Reis stets knapp mit Flüssigkeit bedeckt ist.

2. Den Reis unter Rühren etwa 20 Minuten garen. Dann Butter und Parmesan unterrühren. Die Reismischung auf Backpapier ausbreiten, etwas abkühlen und leicht antrocknen lassen.

3. Für die Füllung die restliche Zwiebel schälen, in feine Würfel schneiden und in 1 TL Olivenöl andünsten. Den Knoblauch schälen, in feine Würfel schneiden und mit andünsten. Den Thymian waschen, trocken schütteln, die Blätter untermischen. Abkühlen lassen. Scamorza und Lardo in feine Würfel schneiden, unter die Zwiebelmischung rühren.

4. Für den Tomatensalat die Tomaten waschen, klein schneiden, dabei ggf. die Stielansätze entfernen. Mit Salz, Pfeffer, und Zucker würzen. 4 EL Olivenöl unter den Salat mischen.

5. Nach und nach je 1 EL Risotto mit angefeuchteten Händen auf der Handfläche flach drücken, 1 TL Füllung darauflegen und mit 1 EL Risotto bedecken. Hände erneut etwas anfeuchten und die Reismasse zu leicht ovalen Bällchen formen.

6. Eier verquirlen. Die Reisbällchen nacheinander im verquirlten Ei, dann im Paniermehl wenden. Wiederholen, bis sie rundum gleichmäßig paniert sind. Das Frittieröl erhitzen und die Arancini portionsweise im heißen Öl von allen Seiten goldbraun frittieren. Auf Küchenpapier abtropfen lassen, leicht salzen.

7. Basilikum waschen, trocken schütteln, die Blätter abzupfen und unter den Tomatensalat mischen. Mit Salz und Pfeffer abschmecken. Die Arancini mit dem Tomantensalat servieren.

ZITRONEN-RISOTTO MIT ARTISCHOCKEN

Für 4 Personen | ca. 20 Min. Zubereitung
ca. 35 Min. Garzeit
Rezept von Vincent Klink

ZUTATEN:
2 Schalotten
2 EL Butter
250 g Risottoreis
ca. 700 ml Gemüsebrühe
Saft von 2 Bio-Zitronen
+ abgeriebene Schale von
1 Bio-Zitrone
4 kleine Artischocken
1 Bund Rucola
50 g Parmesan (am Stück)
2 EL Olivenöl
Salz • Pfeffer aus der Mühle
1 TL Zitronenmarmelade

1. Schalotten schälen und in feine Würfel schneiden. In einem Topf in 1 EL Butter andünsten. Reis dazugeben und glasig dünsten. Nach und nach die Brühe dazugießen und den Risotto etwa 15 Minuten garen, zwischendurch öfter durchrühren.

2. Inzwischen für die Artischocken etwas Wasser und Saft von 1 Zitrone in einer Schüssel mischen. Von den Artischocken den Stiel sowie die harten Blattspitzen im oberen Teil abtrennen, die verbliebenen Blätter rund um den Artischockenboden abschneiden. Das „Heu" mit einem Teelöffel oder Kugelausstecher herauslösen. Die geschälten Artischocken in das Zitronenwasser legen, damit sie sich nicht verfärben.

3. Zitronenschale und den Saft der restlichen Zitrone unter den Risotto rühren, weitere etwa 10 Minuten garen, dabei immer wieder umrühren. Rucola verlesen, waschen, trocken schütteln. Grobe Stiele entfernen, Blätter grob schneiden. Parmesan fein reiben.

4. In einer Pfanne das Olivenöl erhitzen. Artischocken trocken tupfen, vierteln und im Olivenöl kräftig anbraten. Die Hitze etwas reduzieren und die Artischocken etwa 8 Minuten fertig schmoren. Mit Salz und Pfeffer würzen.

5. Parmesan, restliche Butter und die Zitronenmarmelade unter den Risotto rühren, mit Salz und Pfeffer abschmecken. Zuletzt den Rucola locker untermischen und den Risotto auf vier Tellern anrichten. Die gebratenen Artischocken daraufgeben und servieren.

BASILIKUM-RICOTTA-PASTA-ROLLEN MIT SAFRANSAUCE

Für 4 Personen | ca.1 Std. Zubereitung | ca. 30 Min. Garzeit

Rezept von Christina Richon

ZUTATEN:

400 g junge Zucchini
½ TL Salz
½ l Gemüsebrühe
2 Schalotten
ca. 4 EL Olivenöl
1 Bio-Zitrone
200 g Sahne
1 Bund Basilikum
1 Knoblauchzehe
250 g Ricotta
frisch geriebene Muskatnuss
Kräutersalz
Pfeffer aus der Mühle
250 g frischer Nudelteig (ausgerollt; selbstgemacht, siehe z.B. S. 34), ersatzweise frische Lasagne-Blätter (aus dem Kühlregal)
1 Msp. Safranfäden
1 EL Waldhonig

1. Zucchini waschen, grob raspeln. Zucchiniraspel in einer Schüssel mit Salz mischen, beiseitestellen. Brühe in einem Topf erhitzen. Schalotten schälen, fein würfeln. Etwas Olivenöl in einem Topf erhitzen, Schalotten darin andünsten. Zitrone heiß waschen, trocken reiben, die Schale abreiben und den Saft auspressen. Schalotten mit der Hälfte des Zitronensafts, der Hälfte der Brühe und der Sahne ablöschen. Mit halb aufgelegtem Deckel bei mittlerer Hitze zu einer sämigen Sauce einköcheln lassen.

2. Basilikum waschen, trocken schütteln, Blätter abzupfen. Einige Blätter beiseitelegen, den Rest fein hacken. Knoblauch schälen. Ein Küchentuch über ein großes Sieb legen, Zucchiniraspel hineingeben und den Saft aus den Zucchini pressen. Zucchiniraspel mit der Hälfte des gehackten Basilikums, dem durchgepressten Knoblauch, Ricotta und der Hälfte der Zitronenschale verrühren. Mit 1 Prise Muskatnuss, Kräutersalz und Pfeffer würzen.

3. Backofen auf 160°C (Umluft) vorheizen. Nudelteig ggf. auf 6 Blätter (à 15 × 22 cm) zuschneiden, mit warmem Wasser bepinseln. Jeweils etwa 2 EL Füllung auf die Blätter verteilen, eng aufrollen. Eine Auflaufform (22 × 25 cm) mit etwas Olivenöl bestreichen. Pasta-Rollen mit der „Naht" nach oben hineinlegen, mit restlicher Brühe begießen, evtl. Wasser angießen, bis die Rollen bedeckt sind. Mit restlichem gehacktem Basilikum bestreuen. Einen Bogen Backpapier mit restlichem Olivenöl bestreichen, fest auf die Pasta-Rollen drücken. Im Ofen auf der mittleren Schiene 20 Minuten garen. Herausnehmen, Papier abnehmen, Teigrollen wenden, Papier wieder auflegen, weitere 10 Minuten garen.

4. Safranfäden mit 1 EL warmer Sauce verrühren. Sauce mit Honig, Zitronenschale, Kräutersalz, Pfeffer und evtl. etwas Zitronensaft würzen. Safran in die Sauce einrühren, mit einem Stabmixer schaumig aufmixen. Pasta-Rollen aus der Form nehmen, mit Basilikum bestreuen und mit Sauce servieren.

KRÄUTER AUS ALLER WELT

DER DUFT DES MITTELMEERS

Unterschiedlichste Kräutersorten lieben das Klima in dieser Region, die zwischen den subtropischen Wüstenzonen Nordafrikas und dem gemäßigten Klima Mitteleuropas liegt. Sie prägen ihr botanisches Bild, charakterisieren sie durch ihre feinen Gerüche und prägen den Geschmack der landestypischen Küche. Allen voran stehen die besonders robusten Vertreter **Rosmarin**, **Thymian** und **Salbei,** deren wilden Formen in Wäldern und Wiesen im gesamten Mittelmeerraum wachsen.

Rosmarin mit seinem würzig-aromatischen Aroma, das an Muskat und Kampfer erinnert, ist wichtiger Bestandteil der Kräutermischung „Kräuter der Provence" und wird in Italien gern für Kalbfleischgerichte verwendet. Im Allgemeinen wird mit den fein gehackten Nadeln gewürzt. Er sollte aufgrund seiner starken Würzkraft eher sparsam dosiert werden. Seine anregende und wärmende Wirkung macht ihn auch zu einem beliebten und oft verwendeten Heilkraut.

Ebenso wie **Salbei**, dessen getrocknete Blätter zu Tee aufgegossen gegen Erkältungskrankheiten und Magenbeschwerden helfen. Salbei gedeiht auf trockenem sandigem Boden, wird mittlerweile aber auch in verschiedenen veredelten Zuchtsorten wie Ananas-Salbei kultiviert. Mit seinem würzig-frischen Aroma prägt er den italienischen Küchenklassiker Saltimbocca, würzt in Griechenland Fleischragouts und Geflügel und wird in Deutschland aufgrund seiner verdauungsanregenden Wirkung gern für fetthaltige Speisen wie Aal verwendet.

Ein klassisches Kraut in Kombination mit Fischgerichten ist **Dill**, der mit seinem warm-pikanten und leicht scharfen Geschmack gerade Salzwasserfisch perfekt ergänzt. Schon seit der Antike im östlichen Mittelmeerraum beheimatet, breitete er sich in Richtung Atlantik aus, und seine Blätter und Samen dienen seither den Skandinaviern als Gewürz in Brot oder zu Kartoffelgerichten.

Ebenfalls schon im alten Rom hochgeschätzt wurde der **Lorbeer**, dessen Blätter, einst zu Kränzen geflochten, die Häupter von Herrschern und Helden zierten. Frisch verwendet, würzen die zerkleinerten Blätter klassische Saucen wie Béchamel- oder Tomatensauce, Meeresfrüchte, Geflügel, Reis und Fleisch. Getrocknete Blätter entfalten ihr Aroma in Schmorgerichten, Suppen oder Marinaden, sollten aber vor dem Servieren stets entfernt werden.

Ganz im Gegensatz zum feinen Geschmack von **Basilikum**, dessen Blätter ihr warmwürziges Aroma nach dem Abzupfen schnell verlieren und deshalb auch nicht mitgekocht, sondern lediglich erwärmt werden sollten. Basilikum wächst in vielen unterschiedlichen Sorten, hat seinen Siegeszug in die Küchen der Welt aus Asien angetreten und ist dort nach wie vor eines der meistverwendeten Kräuter.

ASIATISCHE EXOTIK

Vor allem **Thai-Basilikum** zählt zu den bekanntesten Vertretern der asiatischen Kräuterwelt. Sein Geschmack harmoniert perfekt mit der Schärfe von Knoblauch und bildet so einen Hauptbestandteil der thailändischen grünen Currypaste. Dicht gefolgt auf der Bekanntheitsskala wird er von **Koriander**, dessen süß-würziges Aroma leicht beißend schmeckt und damit nicht jedermanns Geschmack trifft. Von der Pflanze werden sowohl Blätter als auch Stiele zum Würzen verwendet. Um die volle Bandbreite seines Aromas einzufangen, werden die zarten grünen Blätter erst kurz vor Garzeitende dazugegeben oder zum Servieren über ein Gericht gestreut. Ebenso wie die Blätter der **Thai-Minze**, deren frischer Geschmack häufig Salate oder Desserts der thailändischen oder vietnamesischen Küche verfeinert. Allgemein ist **Minze** eines der Kräuter, das sich weltweiter Beliebtheit erfreut; ihre unterschiedlichen Sorten finden Anwendung in erfrischenden Getränken wie Mojito oder Nationalgerichten wie Taboulé. Verwandt mit der Minze ist die **Shisokresse**, auch Perilla genannt. Sie stammt aus China und wird oft für japanische, koreanische oder vietnamesische Gerichte verwendet. Es gibt sie in Rot und Grün, die rote Variante dient in Japan zum Einfärben der bekannten Umeboshi-Pflaumen.

NASIGORENG

Für 2 Personen | ca. 20 Min. Zubereitung | ca. 35 Min. Garzeit | ca.1 Std. Quellzeit

Rezept von Jörg Sackmann

ZUTATEN: 100 g Jasminreis • 1 Zwiebel • 2 EL Erdnuss-öl • 2 Stängel Zitronengras • Salz • 1 Entenbrustfilet 2 Knoblauchzehen • 100 g Shiitakepilze • 2 Frühlingszwiebeln • 70 g Ananas • 6 getrocknete Tomaten ½ Bund Koriander • Zucker • etwas Sojasauce • 1 EL Sesamöl • 2 Eier

1. Reis in einem Sieb abbrausen, etwa 1 Stunde in Wasser vorquellen lassen. Zwiebel schälen, in Würfel schneiden und in einem Topf in 1 EL Erdnussöl andünsten. Reis abtropfen lassen, Zitronengras putzen. Beides in den Topf geben, Reis mit Wasser bedecken, salzen, etwa 12 Minuten bissfest garen. Abtropfen und auf einem Backblech auskühlen lassen.

2. Backofen auf 180°C vorheizen. Fleisch waschen, trocken tupfen und die Haut rautenförmig einschneiden. In einer Pfanne ohne Fett auf der Hautseite etwa 6 Minuten anbraten. Mit der Hautseite nach oben in eine Auflaufform setzen. Im Ofen auf der mittleren Schiene etwa 5 Minuten rosa garen. Zugedeckt ruhen lassen.

3. Knoblauch schälen und mit Salz zerreiben. Pilze putzen und in Scheiben schneiden. Frühlingszwiebeln putzen, waschen und fein schneiden. Ananas schälen und in feine Würfel schneiden. Tomaten fein schneiden. Koriander waschen, trocken schütteln und die Blätter hacken. Das Fleisch in feine Scheiben schneiden, mit Salz, Zucker und Sojasauce würzen.

4. Im Wok je 1 EL Erdnuss- und Sesamöl erhitzen, Knoblauch darin andünsten, Pilze mit anbraten. Eier verquirlen, dazugießen, leicht stocken lassen. Reis untermischen. Hitze reduzieren. Frühlingszwiebeln, Ananas, Tomaten und Koriander unterheben. Entenscheiben dazugeben und das Nasigoreng servieren.

SPANISCHE PAELLA

Für 4 Personen | ca. 35 Min. Zubereitung | ca. 35 Min. Garzeit

Rezept von Jacqueline Amirfallah

ZUTATEN:
600 g Miesmuscheln
8 Garnelen (ohne Kopf
mit Schale; Größe 26/30)
2 Kaninchenkeulen (ersatzweise
Hähnchenkeulen)
1 rote Zwiebel
1 Knoblauchzehe
1 Fleischtomate
1 rote Paprikaschote
100 g grüne Bohnen
150 g festes Fischfilet (z.B. See-
teufel)
3 EL Olivenöl
Safranfäden
200 g Paella-Reis (z.B. Sorte
Bomba)
½ l Hühnerbrühe
Salz • Pfeffer aus der Mühle
1 Bio-Zitrone

1. Die Muscheln unter fließendem kaltem Wasser gründlich säubern, geöffnete Muscheln aussortieren. Die Garnelen waschen und trocken tupfen. Am Rücken entlang nicht zu tief einschneiden, den Darm entfernen (das Fleisch zum Braten jedoch in den Schalen lassen). Die Kaninchenkeulen im Gelenk durchtrennen, kalt waschen und trocken tupfen.

2. Zwiebel und Knoblauch schälen und in feine Würfel schneiden. Die Tomate waschen. Die Paprikaschote längs halbieren, entkernen, waschen und in Streifen schneiden. Die Bohnen putzen, waschen und evtl. halbieren. Den Fisch kalt abbrausen und trocken tupfen.

3. In einer großen, tiefen Pfanne (z.B. einer Paella-Pfanne) das Olivenöl erhitzen. Das Fischfilet von beiden Seiten gut anbraten, dann die Kaninchenkeulen mit anbraten. Garnelen, Muscheln, Zwiebeln und Knoblauch dazugeben und mit andünsten. Die Tomate auf einer groben Reibe in die Pfanne reiben, alles kurz köcheln lassen. Fischfilet, Garnelen und Muscheln aus der Pfanne nehmen. Jetzt noch geschlossene Muscheln aussortieren und wegwerfen.

4. 1 Prise Safranfäden mörsern, mit Paprika und Bohnen unter den Bratensatz mischen. Den Reis sorgfältig unterrühren. Die Brühe angießen und sacht köcheln lassen, bis sie vollständig vom Reis aufgenommen ist. Dabei möglichst nicht umrühren.

5. Die Garnelen schälen, die Muscheln nach Belieben aus den Schalen lösen, das Fischfilet in Stücke schneiden. Fischstücke, Muscheln und Garnelen unter den Reis mischen. Paella mit Salz und Pfeffer abschmecken. Die Zitrone heiß waschen, trocken reiben und in Scheiben schneiden. Die Paella auf vier Teller verteilen und mit Zitronenscheiben garniert servieren.

BRATREIS MIT CHORIZO, BOHNEN UND EI

Für 4 Personen | ca. 20 Min. Zubereitung
ca. 30 Min. Garzeit
Rezept von Michael Kempf

FÜR DEN BOHNENKRAUT-SCHAUM:
100 ml Gemüsebrühe
2 Stiele Bohnenkraut
100 ml Buttermilch
fein abgeriebene Schale von
½ Bio-Zitrone
Meersalz

FÜR DEN REIS:
300 g grüne Bohnen
Meersalz
2 Stiele Bohnenkraut
100 g Chorizo (span. Paprika-wurst; am Stück)
2 Schalotten
1 Knoblauchzehe
500 g gegarter Langkornreis
4 Eier
Piment d'Espelette
Pfeffer aus der Mühle
20 g Pinienkerne

1. Für den Bohnenkrautschaum die Brühe in einem Topf aufkochen. Das Bohnenkraut waschen und dazugeben. Den Topf vom Herd nehmen und die Mischung kurz ziehen lassen. Die Brühe durch ein feines Sieb passieren. Buttermilch und Zitronenschale untermixen (nicht mehr erhitzen!), mit Salz würzen.

2. Für den Bratreis die Bohnen putzen, waschen und in stark gesalzenem Wasser garen. Abschrecken, gut abtropfen lassen und in feine Scheiben schneiden. Das Bohnenkraut waschen, trocken schütteln, die Blätter abzupfen und fein hacken.

3. Die Chorizo in sehr feine Würfel schneiden und in einer Pfanne knusprig auslassen. Schalotten und Knoblauch schälen, in feine Würfel schneiden, zur Chorizo geben und mit anbraten. Den Reis dazugeben und kräftig anrösten. Bohnen und Bohnenkraut hinzufügen.

4. Eier, Piment d'Espelette und etwas Salz verquirlen, kurz vor dem Servieren unter die Reismischung rühren (das Ei sollte nicht vollständig stocken und trocken werden). Mit Salz und Pfeffer abschmecken.

5. Die Pinienkerne in einer Pfanne ohne Fett goldgelb rösten, dann grob hacken.

6. Den gebratenen Reis auf vorgewärmten tiefen Tellern anrichten. Den Bohnenkrautschaum noch einmal aufmixen und über den Reis geben. Mit Pinienkernen bestreut servieren.

JAMBALAYA (HÄHNCHEN-REIS-EINTOPF)

Für 4 Personen | ca. 20 Min. Zubereitung | ca. 25 Min. Garzeit

Rezept von Jacqueline Amirfallah

ZUTATEN:

4 Hähnchenkeulen
1 mild geräucherte Schweins-
wurst (z. B. Chorizo)
1 Zwiebel
2 Knoblauchzehen
1 Stange Staudensellerie
2 grüne Paprikaschoten
3 EL Sonnenblumenöl
Salz
1 TL Cayennepfeffer
1 TL Paprikapulver
1 TL Tomatenmark
1 l Hühnerbrühe
200 g Langkornreis
4 Tomaten
1 Bund Frühlingszwiebeln
4 Garnelen (ohne Kopf,
mit Schale)
2 Limetten

1. Hähnchenkeulen im Gelenk teilen, nach Belieben die Haut abziehen. Fleisch waschen und trocken tupfen. Wurst in Stücke schneiden. Zwiebel und Knoblauch schälen, in Würfel schneiden. Sellerie putzen und waschen. Paprikaschoten längs halbieren, entkernen und waschen. Sellerie und Paprikahälften klein schneiden.

2. In einem Topf 2 EL Öl erhitzen. Hähnchenkeulen mit Salz würzen und im Öl anbraten. Zwiebel- und Knoblauchwürfel mit anbraten, Cayennepfeffer und Paprikapulver dazugeben. Paprika, Sellerie und Tomatenmark kurz mit anbraten. Etwa 750 ml Brühe angießen, den Reis einstreuen. Umrühren und alles etwa 15 Minuten köcheln lassen.

3. Die Tomaten kreuzweise einritzen, überbrühen und häuten. Das Fruchtfleisch in Würfel schneiden. Die Frühlingszwiebeln putzen, waschen und fein schneiden.

4. Die Garnelen waschen, vorsichtig aus den Schalen lösen, am Rücken entlang nicht zu tief einschneiden und den Darm entfernen. Garnelen waschen, trocken tupfen, mit Salz würzen und wieder in die Schalen geben.

5. Restliches Öl in einer Pfanne erhitzen, Garnelen darin kurz anbraten. Tomatenwürfel, Frühlingszwiebeln und Wurst ebenfalls kurz mit anschwenken, warm stellen. Den Bratensatz mit der restlichen Brühe ablöschen und zum Hähnchen-Reis-Eintopf (Jambalaya) geben. Die Garnelen aus den Schalen lösen. Die Limetten so großzügig schälen, dass auch die weiße Haut mit entfernt wird. Die Filets zwischen den einzelnen Trennhäuten herauslösen.

6. Tomatenwürfel, Frühlingszwiebeln und Wurst unter das Jambalaya mischen. Mit Garnelen und Limettenfilets servieren.

ORANGENREIS MIT LAMMHACK

Für 4 Personen | 30 Min. Zubereitung | 30 Min. Garzeit
Rezept von Jacqueline Amirfallah

ZUTATEN: 2 Bio-Orangen • Zucker • 300 g Basmatireis
Salz • 6 EL Butterschmalz • 2 rote Zwiebeln • 300 g
Lammschulter • 30 g Weißbrot (vom Vortag) • gemahlener Kreuzkümmel • 2 Möhren • 1 Msp. Safranfäden
2 EL Pistazienstifte

1. Den Backofen auf 180 °C vorheizen. Orangen dünn schälen, auch die weiße Haut entfernen. Schale in feine Streifen schneiden und zweimal blanchieren, dabei das Wasser jedes Mal wechseln. Dann in Zuckerwasser weich kochen. Orangen filetieren, den Saft auffangen. Filets in einer Auflaufform im Ofen auf der mittleren Schiene 10 Minuten trocknen.

2. Reis waschen, in Salzwasser etwa 7 Minuten garen, in ein Sieb gießen und abbrausen. 2 EL Butterschmalz in einem Topf mit dickem Boden erhitzen, den Reis darin zugedeckt bei sehr schwacher Hitze dämpfen.

3. Zwiebeln schälen, 1 Zwiebel sehr fein würfeln. Fleisch durch die feine Scheibe des Fleischwolfs drehen. Dann das Brot durchdrehen. Mit Hack, Salz, Zwiebelwürfeln und Kreuzkümmel verkneten. Zu Bällchen formen und diese in 2 EL Butterschmalz braten.

4. Möhren putzen, schälen, fein schneiden, salzen und in 1 EL Butterschmalz weich dünsten. Übrige Zwiebel halbieren, in feine Scheiben schneiden. Im restlichen Butterschmalz anbraten, mit Salz und Zucker würzen. Safran mörsern, mit 1 EL heißem Wasser unter den Reis mischen. Hackbällchen, Zwiebeln, Möhren, Orangenschalen und -saft ebenfalls untermischen. Reis mit Orangenfilets und Pistazien bestreut servieren.

REZEPT
„LAMMKOTE-
LETTS MIT TOMA-
TENBULGUR"
SIEHE S. 81

FLEISCH-GERICHTE

Rind, Schwein, Lamm oder Wild – ein jedes Land hat seine Vorlieben und Spezialitäten. Wer an Qualität nicht spart, erlebt mit unseren Spitzenköchen höchsten Genuss.

DIM SUM – DREIERLEI GEFÜLLTE TEIGTÄSCHCHEN

Für 4 Personen | ca. 45 Min. Zubereitung | ca. 20 Min. Garzeit

Rezept von Jacqueline Amirfallah

ZUTATEN:

200 g Entenbrustfilet
100 g Shiitakepilze
1 Bund Frühlingszwiebeln
2 EL Austernsauce (aus dem Asialaden)
1 EL Sesamöl
1 Packung Wan-Tan-Teigblätter (TK, aufgetaut; aus dem Asialaden)
1 walnussgroßes Stück Ingwer
150 g Schweinehackfleisch
1 EL Chilisauce (aus dem Asialaden)
1 Päckchen Reispapierblätter (aus dem Asialaden)
4 große Garnelen (vorgegart und geschält)
100 g Sojasprossen
½ Bund Koriander
1 EL Fischsauce
ca. 1 l Öl zum Frittieren
100 g Schwarze-Bohnen-Paste (aus dem Glas)
1 EL Sojasauce
Shisokresse-Mix

1. Entenbrustfilet waschen, trocken tupfen, in Würfel schneiden und durch den Fleischwolf drehen. Die Shiitakepilze putzen und in Würfel schneiden. Die Frühlingszwiebeln putzen, waschen und in feine Röllchen schneiden.

2. Entenfleisch, Shiitakepilze und die Hälfte der Frühlingszwiebeln mischen. Mit 1 EL Austernsauce und Sesamöl würzen. Die Hälfte der Wan-Tan-Blätter auf der Arbeitsplatte auslegen und jeweils etwas Entenfleischmischung in die Mitte setzen. Die Wan-Tan-Blätter über der Füllung zusammenfalten.

3. Den Ingwer schälen und sehr fein hacken. Das Hackfleisch mit Chilisauce, Ingwer und der restlichen Austernsauce würzen. Die Hackfleischmischung jeweils mittig auf die übrigen Wan-Tan-Teigblätter verteilen und auch diese zusammenfalten.

4. Die Reispapierblätter kurz in Wasser tauchen und auf einem angefeuchteten Küchentuch weich werden lassen. Die Garnelen in Würfel schneiden. Die Sojasprossen mit heißem Wasser abbrausen, abtropfen lassen und hacken. Den Koriander waschen, trocken schütteln und die Blätter fein hacken.

5. Garnelen, Sojasprossen, restliche Frühlingszwiebeln und Koriander mischen, mit Fischsauce würzen. Jeweils etwas Garnelenmischung auf ein Reisblatt geben und einwickeln.

6. Die Hälfte der Täschchen in einen Bambus-Dämpfkorb geben. In einem großen Topf wenig Wasser aufkochen, den Dämpfeinsatz hineinstellen und die Dim Sum zugedeckt etwa 15 Minuten dämpfen. Für die übrigen Täschchen das Öl in einem Topf erhitzen und die Dim Sum darin kurz knusprig frittieren.

7. Bohnenpaste und Sojasauce verrühren und zu den Teigtäschchen reichen. Dim Sum mit Shisokresse garniert servieren.

BÖREK ZU GURKENJOGHURT

Für 4 Personen | ca. 50 Min. Zubereitung | ca. 25 Min. Garzeit
Rezept von Jacqueline Amirfallah (Rezeptfoto siehe Cover, rechts)

FÜR DAS BÖREK:
500 g Blattspinat
1 Zwiebel
1 Knoblauchzehe
3 EL Olivenöl
Salz
frisch geriebene Muskatnuss
1 rote Zwiebel
150 g Rinderhackfleisch
gemahlener Kreuzkümmel
1 TL Tomatenmark
3 Stiele Koriander
3 Stiele Petersilie
150 g Feta (Schafskäse)
1 TL abgeriebene Schale von
1 Bio-Zitrone
Paprikapulver
9 dreieckige Blätter Yufkateig
für Börek (aus dem türkischen
Lebensmittelladen)
ca. 150 ml Frittierfett

FÜR DEN JOGHURT:
1 Salatgurke
1 Bund Dill
300 g türkischer Joghurt
Salz
10 Walnusskernhälften
1 Granatapfel

1. Für das Börek den Spinat verlesen, waschen und abtropfen lassen. Grobe Stiele entfernen. Zwiebel und Knoblauch schälen, in feine Würfel schneiden und in 2 EL Olivenöl andünsten. Spinat dazugeben, unter Rühren zusammenfallen lassen, mit Salz und Muskatnuss würzen. Gründlich abtropfen lassen.

2. Die rote Zwiebel schälen, in feine Würfel schneiden und im restlichen Olivenöl andünsten. Hackfleisch dazugeben, mit Salz und 1 Prise Kreuzkümmel würzen, das Tomatenmark unterrühren und das Hackfleisch unter Wenden braun und krümelig braten.

3. Koriander und Petersilie waschen, trocken tupfen und fein schneiden. Den Feta in einer flachen Schüssel mit einer Gabel zerdrücken. Zitronenschale, 1 Prise Paprikapulver und Kräuter untermischen. Den abgetropften Spinat fein hacken.

4. Für den Joghurt die Gurke waschen, fein reiben und auf einem Sieb abtropfen lassen. Den Dill waschen, trocken schütteln und fein schneiden. Joghurt mit Dill und Gurke mischen, mit etwas Salz abschmecken.

5. Die Yufkablätter auf der Arbeitsfläche ausbreiten. Jeweils Spinat-, Hackfleisch- oder Käsefüllung längs auf den breiten Seiten der Teigdreiecke verteilen. Die Seiten jeweils etwas über die Füllung klappen. Den Teig fest so aufrollen, dass die Spitzen der Dreiecke in der Mitte sind, diese mit etwas Wasser befeuchten und andrücken. Eine tiefe Pfanne fingerhoch mit Frittierfett füllen und erhitzen. Die Teigtaschen darin nacheinander goldbraun frittieren. Auf Küchenpapier abtropfen lassen.

6. Die Walnüsse grob hacken. Den Granatapfel halbieren und die Kerne herauslösen. Granatapfelkerne und Nüsse über den Gurkenjoghurt streuen. Börek mit dem Joghurt servieren. Dazu passt Romanasalat mit Vinaigrette.

CEVAPCICI MIT AJVAR UND FLADENBROT

Für 4 Personen | ca. 45 Min. Zubereitung | ca. 50 Min. Garzeit | ca. 30 Min. Gehzeit

Rezept von Jacqueline Amirfallah

FÜR DAS FLADENBROT:

½ Würfel Hefe (21 g)
1 EL Zucker
300 g Mehl
+ Mehl für die Arbeitsfläche
1 Msp. Backpulver
Salz
100 g Naturjoghurt
50 ml Milch
1 TL Schwarzkümmelöl

FÜR AJVAR UND CEVAPCICI:

2–3 rote Paprikaschoten
1 rote Zwiebel
1 EL Olivenöl
Cayennepfeffer
Salz
1 TL Zucker
1 Spritzer Zitronensaft
1 Knoblauchzehe
1 Bund Bohnenkraut
500 g Rinderhackfleisch
Pfeffer aus der Mühle
1 TL Paprikapulver, edelsüß
1 EL Butterschmalz

1. Für das Fladenbrot die Hefe zerbröseln, mit Zucker in 60 ml lauwarmem Wasser auflösen. Mehl, Backpulver und ¼ TL Salz mischen. Joghurt, Milch und Schwarzkümmelöl verrühren. Alle Zutaten rasch zu einem glatten Teig verkneten. Zugedeckt 30 Minuten bei Zimmertemperatur gehen lassen.

2. Für das Ajvar den Backofengrill einschalten. Die Paprikaschoten längs halbieren, entkernen und waschen. Im Ofen unter dem Backofengrill auf der obersten Schiene rösten, bis die Schale Blasen wirft. Herausnehmen, mit einem feuchten Tuch bedecken und abkühlen lassen. Die Schoten häuten und in feine Würfel schneiden. Die Zwiebel schälen, in feine Würfel schneiden und im Olivenöl anbraten. Die Paprikawürfel dazugeben mit 1 Prise Cayennepfeffer, Salz und Zucker würzen. Unter gelegentlichem Wenden schmoren, bis ein sämiges Paprikamus entsteht. Mit Zitronensaft und den Gewürzen nochmals abschmecken.

3. Für das Fladenbrot den Backofen auf 200 °C vorheizen. Den Teig auf der leicht bemehlten Arbeitsfläche zu einem länglichen, etwa 2 cm dicken Fladen ausrollen. Im Ofen auf einem mit Backpapier belegten Backblech auf der mittleren Schiene etwa 20 Minuten goldbraun backen. Aus dem Ofen nehmen und etwas abkühlen lassen.

4. Für die Cevapcici den Knoblauch schälen und in feine Würfel schneiden. Das Bohnenkraut waschen, trocken schütteln und die Blätter fein hacken. Das Hackfleisch mit Salz, Pfeffer, Paprikapulver, Bohnenkraut und Knoblauch würzen und zu Rollen (Ø ca. 2 cm; ca. 7 cm Länge) formen. Das Butterschmalz in einer Pfanne erhitzen, Cevapcici darin rundum braun braten.

5. Cevapcici zusammen mit dem Ajvar und dem noch leicht warmen Fladenbrot anrichten. Dazu passt Gurkensalat.

LAMM-KÖFTE MIT SUMACH-SALAT UND FLADENBROT

Für 4 Personen | ca. 45 Min. Zubereitung | ca.15 Min. Garzeit | ca. 30 Min. Kühlzeit

Rezept von Christina Richon

FÜR DIE KÖFTE:

2 EL Mandeln
ca. 10 frische Datteln
1 Knoblauchzehe • 1 Zwiebel
500 g Lamm- oder
Rinderhackfleisch
1 TL gemahlener Kreuzkümmel
½ TL gemörserte Korianderkörner
1 kleine, fein gehackte
Chilischote
2 EL gehackte Petersilie
1 Ei • 4 EL Olivenöl
Salz • Pfeffer aus der Mühle
frische Lorbeerblätter

FÜR DEN SALAT:

1 Kopf grüner Salat oder
Eichblattsalat
3 Stiele Petersilie
1–2 Zweige Thymian
3 Stiele Pfefferminze
1 kleines Bund Portulak oder
Rucola
½ Salatgurke
2 reife, aromatische Tomaten
je 1 kleine rote und grüne
Paprikaschote
2 Schalotten • 1 Knoblauchzehe
Saft und abgeriebene Schale von
1 Bio-Zitrone
1 EL Sumach (aus dem orientalischen Lebensmittelladen)
4–5 EL Olivenöl • Kräutersalz
Pfeffer aus der Mühle
Zucker
1–2 türkische Fladenbrote

1. Für die Köfte Mandeln in einer Pfanne rösten. Auf einem Teller abkühlen lassen, mittelfein hacken. 4 Datteln entsteinen, Knoblauch und Zwiebel schälen. Alles in feine Würfel schneiden.

2. Hackfleisch, Mandeln, Dattelwürfel, Kreuzkümmel, Koriander, Knoblauch, Zwiebel, Chilischote, Petersilie, Ei und 2 EL Olivenöl vermengen. Mit Salz und Pfeffer würzen. Mit angefeuchteten Händen aus der Masse kleine Bällchen formen. Bällchen auf eine Platte legen, mit dem restlichen Olivenöl bepinseln. 30 Minuten kühl stellen. Übrige Datteln halbieren, entsteinen.

3. Kurz vor dem Braten oder Grillen Fleischkugeln, halbierte Datteln und Lorbeerblätter im Wechsel auf kleine Holzspieße stecken. Auf dem vorgeheizten Grill, der Grillplatte (auf dem Kochfeld) oder in einer heißen Grillpfanne bei mittlerer Hitze auf beiden Seiten braten, bis Grillstreifen im Fleisch entstehen.

4. Für den Salat den Salat putzen, waschen, trocken schleudern, in Streifen schneiden. Kräuter waschen, trocken schütteln. Thymian- und Pfefferminzblätter abzupfen. Einige Minzeblätter beiseitelegen. Übrige Kräuter klein schneiden. Portulak oder Rucola verlesen, waschen, trocken schleudern. Gurke waschen, trocken reiben, längs halbieren, in Scheiben schneiden. Tomaten und Paprikaschoten putzen, waschen, trocken tupfen, in Würfel schneiden. Alle Salatzutaten in einer Schüssel mischen.

5. Schalotten und Knoblauch schälen und fein hacken. Mit Zitronensaft, -schale, 1 TL Sumach, Olivenöl, Salz, Pfeffer und 1 bis 2 Prisen Zucker zu einer Vinaigrette verrühren, abschmecken.

6. Die Vinaigrette über den Salat träufeln, untermischen. Mit restlichem Sumach und Minzeblättern bestreuen. Backofen auf 200 °C vorheizen. Kurz vor dem Servieren das Fladenbrot im Ofen 6 bis 10 Minuten rösten. Brot, Köfte und Salat servieren.

IRISH STEW (IRISCHER LAMMEINTOPF)

Für 4 Personen | ca. 30 Min. Zubereitung
ca. 35 Min. Garzeit

Rezept von Jacqueline Amirfallah

ZUTATEN:
2 Möhren
2 Pastinaken
1 kg mageres Lammfleisch
(aus der Keule)
100 g magerer Speck
1 Zwiebel
1½ l Fleischbrühe
Salz
ganzer Kümmel
2 festkochende Kartoffeln
2 Lorbeerblätter
500 g Spitzkohl (oder
Weißkohl)
Pfeffer aus der Mühle

1. Möhren und Pastinaken putzen und schälen. Das Lammfleisch waschen, trocken tupfen und in mundgerechte Würfel schneiden. Den Speck in feine Würfel schneiden. Die Zwiebel schälen und ebenfalls in Würfel scheiden.

2. Die Brühe in einem Topf erhitzen. Einen weiteren, großen Topf erhitzen und den Speck darin knusprig braten.

3. Die Fleischwürfel mit etwas Salz und Kümmel würzen, dann in den Topf zum Speck geben und unter Wenden kurz von allen Seiten anbraten. Die Zwiebelwürfel mit anbraten.

4. Kartoffeln schälen und waschen. Kartoffeln, Möhren und Pastinaken in Würfel schneiden, mit den Lorbeerblättern zum Fleisch geben. Die heiße Brühe angießen, aufkochen lassen und alles etwa 15 Minuten köcheln lassen.

5. Inzwischen vom Kohl die äußeren Blätter entfernen, den harten Strunk herausschneiden. Kohl waschen, abtropfen lassen und blättrig schneiden. Nach etwa 15 Minuten zum Eintopf geben und alles weitere etwa 10 Minuten köcheln lassen, bis das Fleisch weich ist.

6. Den Eintopf mit Salz und Pfeffer würzen und in tiefen Tellern servieren.

FEIJOADA (BRASILIANI- SCHER EINTOPF)

Für 4 Personen | ca. 30 Min. Zubereitung
ca. 1 Std. 30 Min. Garzeit | mind. 12 Std. Einweichzeit
Rezept von Jacqueline Amirfallah

ZUTATEN:
250 g getrocknete schwarze
Bohnenkerne
1 Chilischote
3 Zwiebeln
1 Knoblauchzehe
3 EL Öl
ca. ¼ l Gemüsebrühe
150 g Räucherspeck
150 g Kasseler Nacken
100 g Mettenden
100 g Chorizo (span. Paprika-
wurst; am Stück)
½ l Fleischbrühe
200 g Schweinerippchen
mit Knochen
150 g Langkornreis
Salz
100 g Maniokmehl
2 EL Rosinen
2 Orangen

1. Am Vortag die Bohnen über Nacht in mindestens der drei-fachen Menge Wasser einweichen.

2. Am nächsten Tag die Chilischote längs halbieren, entkernen, waschen und in feine Würfel schneiden. 2 Zwiebeln und den Knoblauch schälen, in feine Würfel schneiden und in einem Topf in 2 EL Öl andünsten. Die Bohnen mit dem Einweichwas-ser dazugeben, Gemüsebrühe angießen und die Bohnen etwa 50 Minuten köcheln lassen.

3. Inzwischen Speck, Kasseler, Mettenden und Chorizo in etwa 3 cm große Würfel schneiden. Den Speck in einem Topf anbra-ten, die Fleischbrühe angießen. Kasseler, Mettenden, Chorizo und die Rippchen dazugeben und etwa 40 Minuten köcheln lassen. Dann die Rippchen vom Knochen lösen, das Fleisch klein schneiden und zurück in den Topf geben.

4. Die Bohnen mit der Flüssigkeit zum Fleischtopf geben und alles weitere etwa 20 Minuten köcheln lassen, bis die Bohnen weich sind (evtl. noch etwas Brühe dazugeben).

5. Inzwischen den Reis in Salzwasser garen. Übrige Zwiebel schä-len, fein würfeln und im restlichen Öl andünsten. Maniokmehl mitrösten, mit Salz würzen und die Rosinen untermischen.

6. Den Eintopf mit Salz abschmecken. Die Orangen so großzügig schälen, dass auch die weiße Haut mit entfernt wird. Orangen in Scheiben schneiden. Den Eintopf mit Reis, Rosinen-Maniok und Orangenscheiben servieren.

IM PORTRÄT:
JACQUELINE AMIRFALLAH

Sie hat persische Wurzeln und kombiniert in ihren raffinierten Gerichten das Beste aus der europäischen und der orientalischen Küche. Seit 2002 stellt die Spitzenköchin ihre Rezepte regelmäßig im ARD-Buffet vor.

Steckbrief
Beruf und Engagement: Köchin, Buchautorin, Schirmherrin der Initiative Veggietag Göttingen
Interessen: Kino, Lesen, Gartenarbeit
Restaurants: Gauß – Restaurant am Theater (1998–Nov. 2017), Bistro Apex in Göttingen
Auszeichnungen: drei Kochhauben des Restaurantführers Gault Millau (2013), Aufsteigerin des Jahres (2014)

Zwischen den Welten
Als Tochter eines iranischen Vaters und einer deutschen Mutter verbringt Jacqueline Amirfallah einen Großteil ihrer Kindheit und Jugend im Iran. Es sind Jahre, die ihre familiären und kulturellen Wurzeln prägen. „Noch heute", sagt die Spitzenköchin von sich, „löst der Geruch von dämpfendem persischem Reis bei mir Gefühle von Zufriedenheit und Glück aus."

Von der Uni an den Herd
Zurück in Deutschland, führt sie der Weg zunächst an die Universität ihrer Heimatstadt Göttingen. Während ihres Soziologiestudiums jobbt sie immer wieder in Kneipen und stellt dabei bald fest, dass ihre Berufung weniger im Hörsaal, sondern viel mehr in der Küche liegt. Nach ihrem Studium bricht sie mit der Familientradition – statt einen akademischen Beruf zu ergreifen, beginnt sie eine zweite Ausbildung zur Köchin. Der Lehre folgen Berufsjahre unter anderem in renommierten Sternerestaurants, in denen sie ihr Wissen erweitert und nach und nach ihren eigenen Stil kreiert.

„Kochen ist ein intelligentes Handwerk."

Das Geheimnis des Orients …
… liegt für die Köchin Jacqueline Amirfallah in der Welt der Gewürze – und in ihren Kindheitserinnerungen an die Küche ihrer Mutter. Orientalische Gewürze und Zutaten werden mit europäischen Zubereitungsmethoden kombiniert und mit modernsten Küchengeräten umgesetzt, bis sich das Beste aus europäischer und orientalischer Küche harmonisch vereint.

Doch nicht nur in diesem außergewöhnlichen Mix liegt das Geheimnis ihres Erfolgs. Die Köchin bleibt durch und durch bodenständig: Sie will wissen, woher die Produkte kommen, die sie verarbeitet. So wählt sie ihre Zutaten oft persönlich bei Biobauern aus der Umgebung aus und fachsimpelt auf dem Markt mit Lieferanten. Ihr Ziel ist es, wie sie sagt, einfach nur eine gute Küche zu machen – und dabei vor allem sich selbst treu zu bleiben.

„Die Gäste sind die wichtigsten Kritiker."

Hinaus in die weite Welt …
… zieht es Jacqueline Amirfallah nicht (mehr). Mit ihrem Restaurant „Gauß" und dem nahe liegenden Bistro „Apex" hat sie sich ihren Lebenstraum erfüllt. Sie schätzt ihre Heimatstadt aufgrund ihrer Größe und kulturellen Vielfalt, zu der sie mit ihrer ausgezeichneten Küche ein gutes Stück beiträgt. Hier wird Essen zum Erlebnis, fern vom Massendurchlauf. Denn für ein Sechsgängemenü dürfen

bzw. sollen die Gäste vor allem Zeit mitbringen. Und die große weite Welt holt Jacqueline Amirfallah mit ihren Zutaten ganz einfach zu sich nach Hause.

Und in der Zukunft …?
… wünschen sich die ambitionierte Köchin und ihr Mann Wolfgang Nisch einfach ein wenig mehr Zeit. Dann möchte sie ein Instrument lernen, einen kulinarischen Iran-Krimi mit Rezepten schreiben, mit dem sie sogar schon angefangen hat, und ein Kochblog führen. Wir sind gespannt!

GANZ PRIVAT

… WAS ISST JACQUELINE AMIRFALLAH ZU HAUSE AM LIEBSTEN?

„Ich esse (fast) am allerliebsten Frikassee nach dem Rezept von meiner deutschen Oma mit persischem Reis. Wenn wir zu Hause Gäste haben, koche ich oft persisch, da ich sonst nicht so dazukomme."

IBERICO-SCHWEIN MIT SPARGEL

Für 4 Personen | 30 Min. Zubereitung | 25 Min. Garzeit
Rezept von Jacqueline Amirfallah

ZUTATEN: 600 g Schweinerücken vom Iberico-Schwein
Salz • 200 ml Olivenöl • 1 Msp. Safranfäden • 2 kg
grüner Spargel • 1 Knoblauchzehe • 100 g Manchego
(spanischer Hartkäse) • 1 helles Weizenbrot

1. Den Backofen auf 90 °C vorheizen. Den Schweinerücken parieren, waschen, trocken tupfen und salzen.
   1 EL Olivenöl in einer ofenfesten Pfanne erhitzen, das
   Fleisch darin rundum anbraten. Im Ofen auf der mittleren Schiene 15 Minuten garen. Herausnehmen, in
   Alufolie wickeln und etwa 5 Minuten ruhen lassen.

2. Inzwischen den Safran mörsern und mit dem übrigen
   Olivenöl verrühren. Den Spargel waschen, nur im un-
   teren Drittel schälen, holzige Enden großzügig abschneiden. Den Knoblauch schälen und in feine Würfel schneiden.

3. Spargel in kochendem Salzwasser etwa 5 Minuten
   bissfest garen. Herausnehmen und abtropfen lassen.

4. Safranöl in einer großen Pfanne erhitzen, den Spargel
   darin 2 bis 3 Minuten braten. Kurz vor Ende der Brat-
   zeit den Knoblauch dazugeben. Den Spargel herausnehmen und auf einer Platte anrichten.

5. Manchego grob raspeln und auf dem heißen Spargel
   schmelzen lassen. Das Brot in Scheiben schneiden,
   mit dem heißen Safranöl beträufeln. Den Schweinerücken aufschneiden, mit dem Spargel und den Brot-
   scheiben servieren.

GLACIERTER SCHWEINEBAUCH MIT GURKE, WASABI UND PONZU

Für 4 Personen | ca. 30 Min. Zubereitung | ca. 2 Std. Garzeit | ca. 20 Min. Kühlzeit

Rezept von Karlheinz Hauser

FÜR DEN SCHWEINEBAUCH:

2 Sternanis
1 Stück Zimtrinde
½ TL Fenchelsamen
½ TL Szechuanpfeffer
2 Gewürznelken
½ TL grüner Kardamom
20 g Ingwer
2 Knoblauchzehen
100 ml Sojasauce
50 ml Ketjap manis (indonesische Würzsauce; aus dem Asialaden)
4 EL Honig
100 ml Mirin (japan. Reiswein; aus dem Asialaden)
800 g Schweinebauch mit Schwarte

FÜR DEN GURKENSALAT:

2 Salatgurken
Salz
1 EL Wasabipulver
200 g saure Sahne
Zucker

FÜR DIE VINAIGRETTE:

60 ml Mirin (japan. Reiswein; aus dem Asialaden)
60 ml Ponzu (japan. Würzsauce; aus dem Asialaden)
60 ml Zitronensaft
30 g Misopaste (aus dem Asialaden)
2 TL Zucker
100 ml Olivenöl

1. Für den Schweinebauch Sternanis, Zimt, Fenchelsamen, Szechuanpfeffer, Gewürznelken und Kardamom im Mörser zerstoßen. Den Backofen auf 160 °C vorheizen. Ingwer und Knoblauch schälen und in feine Würfel schneiden. Mit Sojasauce, Ketjap manis, Honig, Mirin, den gemörserten Gewürzen und 100 ml Wasser verrühren. Fleisch waschen, trocken tupfen, die Schwarte einritzen und den Schweinebauch mit der Marinade bestreichen.

2. Das Fleisch mit der Schwarte nach oben auf ein Backblech setzen. Im Ofen auf der mittleren Schiene etwa 2 Stunden weich garen. Zwischendurch öfter mit dem Sud beträufeln.

3. Inzwischen für den Gurkensalat die Gurken schälen und auf einem Gurkenhobel dünn hobeln. Mit Salz würzen und etwa 20 Minuten kühl stellen. Das Wasabipulver mit etwas Wasser zu einer Paste verrühren und mit der sauren Sahne mischen. Mit Salz und Zucker abschmecken.

4. Die Flüssigkeit von den gesalzenen Gurken abgießen. Gurken und Wasabi-saure-Sahne-Mischung vermengen.

5. Für die Vinaigrette Mirin, Ponzu, Zitronensaft, Misopaste und Zucker vermengen. Das Olivenöl nach und nach im dünnen Strahl untermixen.

6. Den Schweinebauch aus dem Ofen nehmen und in Scheiben schneiden. Den Wasabi-Gurkensalat mittig auf Tellern anrichten, den Schweinebauch daraufsetzen und mit der Ponzu-Vinaigrette beträufeln.

PULLED BEEFBURGER

Für 6 Personen | ca. 35 Min. Zubereitung | 8–9 Std. Garzeit | mind. 12 Std. Kühlzeit

Rezept von Rainer Klutsch

FÜR DAS FLEISCH:
1 Bund Thymian
2 Zwiebeln
2 Knoblauchzehen
2 Lorbeerblätter
2 EL ganzer Kümmel
Salz
Zucker
¾ l Weißwein
1 kg magere Rinderbrust
1 TL Tomatenmark

AUSSERDEM:
3 Stiele Basilikum
4 Halme Schnittlauch
80 g Mandeln
5 getrocknete Aprikosen
125 g Butter
Salz • Pfeffer aus der Mühle
150 g Geflügelleberwurst
20 ml Armagnac (frz. Weinbrand)
2 Zweige Rosmarin
2 Zweige Thymian
3 Flaschentomaten
3 Schalotten
2 EL Öl
½ Salatgurke
30 g Rote-Bete-Blätter
6 Scheiben Tiroler Bergkäse
6 Dinkel-Burger-Brötchen
(z.B. selbst gemacht, siehe
S. 130)
Würzbutter

1. Am Vortag für das Fleisch den Thymian waschen, trocken tupfen, die Blätter abzupfen. Zwiebeln und Knoblauch schälen, fein würfeln. Mit Thymian, Lorbeer, Kümmel, 2 EL Salz, ½ TL Zucker und 15 ml Wein mischen. Das Fleisch damit einreiben, in Alufolie wickeln und gekühlt über Nacht ziehen lassen.

2. Am nächsten Tag den Backofen auf 130 °C vorheizen. Restlichen Wein in einen Bräter gießen. Das Fleisch aus der Folie wickeln, in den Wein legen und im Ofen auf der mittleren Schiene 8 bis 9 Stunden sehr weich schmoren.

3. Basilikum und Schnittlauch waschen, trocken tupfen und fein schneiden. Die Mandeln in einer Pfanne anrösten und fein hacken. Die Aprikosen sehr fein schneiden. Die Butter schaumig aufschlagen, Leberwurst und Armagnac untermixen. Kräuter, Mandeln, Aprikosen dazugeben, mit Salz und Pfeffer abschmecken und kühl stellen.

4. Rosmarin und Thymian waschen und trocken tupfen. Tomaten kreuzweise einschneiden, überbrühen, häuten und vierteln. Mit Rosmarin und Thymian, Salz und Pfeffer auf einem Backblech im Ofen auf der mittleren Schiene bei 80 °C 30 Minuten trocknen. Die Schalotten schälen, in feine Ringe schneiden und im Öl goldgelb braten. Abkühlen lassen. Die Gurke waschen und fein hobeln. Rote-Bete-Blätter waschen und trocken schleudern.

5. Das Fleisch herausnehmen. Tomatenmark und 1 EL Zucker in einem Topf anrösten, den Fond aus dem Bräter angießen und sämig einkochen. Den Käse in einer beschichteten Pfanne schmelzen, an den Rändern eine Kruste bilden lassen, dann wenden. Die Brötchen aufschneiden, je 1 EL Bratenfond auf die Unterhälften träufeln. Mit Rote-Bete-Blättern, Gurke und Tomaten belegen. Das Fleisch zerzupfen, mit je 1 EL Würzbutter, Schalotten und 1 Käsechip auf die Hälften geben. Restlichen Bratfond darüberträufeln und die oberen Brötchenhälften auflegen.

CHURRASCO MIT BOHNEN UND TOMATENSALSA

Für 4 Personen | ca. 35 Min. Zubereitung | ca. 1 Std. 20 Min. Garzeit | ca. 12 Std. Einweichzeit ca. 20 Min. Marinierzeit

Rezept von Vincent Klink

FÜR CHURRASCO UND BOHNEN:
150 g getrocknete schwarze Bohnenkerne
ca. 350 ml Fleischbrühe
3 Knoblauchzehen
6 EL Olivenöl
je 1 TL scharfes und mildes Paprikapulver
Pfeffer aus der Mühle • Salz
1 Zweig Rosmarin und Thymian
600 g Rinderrücken
75 g feine Speckwürfel
4 dicke Scheiben Räucherspeck
2 scharfe Grillwürste
(z.B. Chorizo)

FÜR DIE SALSA:
3 Fleischtomaten
1 rote Zwiebel
1 Peperoni
1 Limette
4 EL Olivenöl
Salz • Pfeffer aus der Mühle
½ Bund Koriander

1. Am Vortag für die Bohnen die Bohnenkerne über Nacht in mindestens der dreifachen Menge Wasser einweichen.

2. Am nächsten Tag die Bohnen abtropfen lassen. Die Fleischbrühe in einem Topf erhitzen und die Bohnen etwa 1 Stunde darin garen.

3. Inzwischen den Knoblauch schälen und in feine Würfel schneiden. Mit 5 EL Olivenöl, Paprikapulver, Pfeffer und 1 TL Salz zu einer Marinade verrühren. Die Kräuter waschen, trocken tupfen und dazugeben. Das Fleisch in gulaschgroße Stücke schneiden, mit der Marinade mischen und etwa 20 Minuten ziehen lassen.

4. Für die Salsa die Tomaten waschen und in Würfel schneiden, dabei die Stielansätze entfernen. Die Zwiebel schälen, ebenfalls in Würfel schneiden. Die Peperoni putzen, waschen und fein hacken. Den Saft der Limette auspressen. Tomaten, Zwiebel und Peperoni mit Limettensaft und Olivenöl mischen, mit Salz und Pfeffer würzen. Koriander waschen, trocken tupfen und fein hacken. Unter die Tomatensalsa mischen.

5. Die Speckwürfel zu den gekochten Bohnen geben, etwa 10 Minuten mitkochen. Mit Salz und Pfeffer würzen.

6. Speckscheiben und Grillwürste in gleich große Würfel wie das Fleisch schneiden. Mit dem Fleisch im Wechsel auf Schaschlikspieße stecken.

7. Eine Grillpfanne mit 1 EL Olivenöl ausstreichen und die Spieße darin rundum knusprig braten.

8. Die Bohnen nochmals abschmecken, auf Tellern verteilen, die Spieße darauf anrichten und die Tomatensalsa dazureichen.

RINDERFILET „TERIYAKI-STYLE" MIT GLASIERTEM KOHLRABI

Für 4 Personen | ca. 30 Min. Zubereitung | ca. 35 Min. Garzeit | mind. 12 Std. Kühlzeit

Rezept von Michael Kempf

FÜR DEN GEWÜRZFOND:

40 g Ingwer
2 Knoblauchzehen
2 Stängel Zitronengras
1 TL Szechuanpfeffer
120 ml Ketjap manis (indonesische Würzsauce; aus dem Asialaden)
120 ml salzarme Sojasauce
120 ml Austernsauce (aus dem Asialaden)

FÜR FILET UND KARTOFFEL-CHIPS:

4 Rinderfilet-Medaillons (à ca. 150 g)
1–2 Bio-Kartoffeln (z.B. „La Ratte")
200 g Frittierfett
Salz
geräuchertes Paprikapulver
15 g Haselnusskerne
½ Bund Blutampfer
grobes Meersalz

FÜR DAS GEMÜSE:

2 EL helle Senfsaat
800 g Bio-Kohlrabi
2 Schalotten
2 EL Butter
Salz • Pfeffer aus der Mühle
3 Stiele Petersilie (nach Belieben)

1. Am Vortag für den Gewürzfond den Ingwer sehr fein schneiden. Den Knoblauch schälen. Vom Zitronengras die welken Außenblätter und die obere, trockene Hälfte entfernen. Untere Zitronengrashälften und Knoblauch sehr fein schneiden. Szechuanpfeffer in einem Topf anrösten. Mit allen Zutaten für den Gewürzfond aufkochen, dann über Nacht kühl stellen.

2. Für das Filet den Backofen auf 65 °C vorheizen. Fond passieren, auf 65 °C erhitzen. Die Medaillons mit Fond bedeckt und zugedeckt im Ofen auf der mittleren Schiene 16 Minuten garen.

3. Für das Gemüse die Senfsaat in kochendem Wasser blanchieren, abbrausen, gut abtropfen lassen. Kohlrabi waschen, schälen, in Würfel schneiden. Abschnitte und Schalen entsaften und passieren. Schalotten schälen, in der Butter andünsten. Kohlrabisaft und Senfsaat dazugeben, sämig einkochen. Kohlrabi kurz blanchieren, in die Sauce geben, mit Salz und Pfeffer würzen. Evtl. Petersilie waschen, trocken tupfen, hacken und untermischen.

4. Für die Kartoffelchips die Kartoffeln waschen und mit der Schale mit dem Küchenhobel sehr fein schneiden. Scheiben kalt abwaschen und trocken tupfen. Im heißen Frittierfett goldbraun frittieren. Auf Küchenpapier abtropfen lassen, mit Salz und 1 Prise geräuchertem Paprikapulver würzen. Die Nüsse grob hacken und in einer Pfanne anrösten. Blutampfer waschen und trocken schütteln.

5. Die Medaillons abtropfen lassen, in einer sehr heißen Grillpfanne von beiden Seiten kurz und kräftig anbraten. Mit etwas Meersalz würzen.

6. Das Kohlrabiragout auf vorgewärmten Tellern anrichten. Rindermedaillons, Blutampfer, Kartoffelchips und die Haselnüsse darauf verteilen, sofort servieren.

LAMMRÜCKEN MIT MOUSSAKA-CREME UND TOMATENSALSA

Für 4 Personen | ca. 40 Min. Zubereitung | ca. 50 Min. Garzeit

Rezept von Michael Kempf

FÜR DIE MOUSSAKACREME:

2 Schalotten
1 Knoblauchzehe
200 g Aubergine
100 g Zucchini
2 EL Olivenöl
Salz • Piment d'Espelette
50 g Ziegenkäse
1 TL Tomatenmark
evtl. etwas Tomatensaft
Saft von 1 Limette

FÜR DEN LAMMRÜCKEN:

600 g Lammrücken mit
Fettdeckel
Salz
1 EL Öl

FÜR DIE SALSA:

1 Schalotte
1 Knoblauchzehe
1 EL Olivenöl
80 g Tomaten, getrocknet, in Öl
eingelegt
100 ml Tomatensaft
Salz
Piment d'Espelette
1 TL Honig
3 Stiele Majoran

1. Den Backofen auf 120 °C vorheizen. Für die Moussakacreme Schalotten und Knoblauch schälen, fein hacken. Aubergine und Zucchini putzen, waschen, in feine Würfel schneiden.

2. In einer Pfanne Olivenöl erhitzen, Schalotten und Knoblauch darin andünsten. Aubergine und Zucchini langsam mit anbraten. Mit Salz und 1 Prise Piment d'Espelette würzen, das Gemüse weich schmoren.

3. Für den Lammrücken vom Lammrücken den Fettdeckel sehr fein einschneiden, das Fleisch salzen. In einer Pfanne das Öl erhitzen und das Fleisch auf der Fettseite knusprig braten. Dann die Fleischseite kurz und heiß anbraten. Lammrücken mit der Fettseite nach unten auf ein Backofengitter legen, im Ofen auf der mittleren Schiene etwa 8 Minuten garen. Noch mindestens 10 Minuten bei 65 °C ruhen lassen.

4. Geschmortes Gemüse, Ziegenkäse und Tomatenmark fein pürieren. Evtl. etwas Tomatensaft unterrühren. Creme durch ein feines Sieb streichen, mit Salz und Limettensaft abschmecken.

5. Für die Salsa die Tomaten abtropfen lassen und in feine Würfel schneiden. Schalotte und Knoblauch schälen, ebenfalls in feine Würfel schneiden. In einem Topf das Olivenöl erhitzen, Schalotten und Knoblauch darin andünsten. Tomaten und Tomatensaft hinzufügen und bei schwacher Hitze langsam etwas einkochen. Mit Salz, Piment d'Espelette und Honig abschmecken.

6. Majoran waschen, trocken tupfen. Die Blätter abzupfen (die Spitzen beiseitelegen), fein hacken, zur Tomatensalsa geben.

7. Den Lammrücken aufschneiden und mit der Moussakacreme auf vorgewärmten Tellern sevieren, die Salsa mit den Majoranspitzen garnieren und dazu reichen.

LAMMRAGOUT MIT AVOCADO

Für 4 Personen | ca. 20 Min. Zubereitung
ca.1 Std. 15 Min. Garzeit
Rezept von Sören Anders

ZUTATEN:
3 rote Zwiebeln
2 Knoblauchzehen
700 g Lammfleisch (Nacken)
2 EL Olivenöl
100 ml Rotwein
½ l Tomatensaft
2 Zweige Zitronenthymian
gemahlener Kreuzkümmel
1 TL Harissa (arabische
Chili-Würzpaste)
Salz
abgeriebene Schale und Saft
von 1 Bio-Zitrone
10 g Zartbitterschokolade
3 Stiele Minze
250 g Joghurt aus Schafsmilch
30 g Tortillachips
1 reife Avocado
Pfeffer aus der Mühle

1. Zwiebeln und Knoblauch schälen und in feine Würfel schneiden. Das Fleisch in Würfel schneiden.

2. Das Olivenöl in einem Topf erhitzen und die Fleischwürfel darin nach und nach kräftig anbraten. Aus dem Topf nehmen und abtropfen lassen. Zwiebeln und Knoblauch im Bratfett goldbraun anrösten, mit Rotwein und der Hälfte des Tomatensafts ablöschen. Aufkochen, das Fleisch wieder dazugeben und zugedeckt bei schwacher Hitze schmoren.

3. Inzwischen Thymian waschen, trocken tupfen, die Blätter abzupfen und fein hacken. Mit Kreuzkümmel, Harissa, 1 Prise Salz, etwas Zitronenschale und -saft sowie der Schokolade zum Schmoransatz geben. Ragout etwa 1 Stunde schmoren, bis das Fleisch weich ist. Nach und nach mit restlichem Tomatensaft angießen und nochmals abschmecken.

4. Minze waschen, trocken tupfen und die Blätter in feine Streifen schneiden. Joghurt mit etwas Zitronenschale, 1 Prise Salz und etwas Kreuzkümmel würzen, die Minze unterrühren.

5. Tortillachips grob hacken. Avocado kurz vor dem Servieren halbieren, Stein entfernen. Avocadohälften schälen, in Spalten schneiden. Mit Zitronensaft beträufeln, salzen und pfeffern.

6. Lammragout und Avocadospalten auf vorgewärmten tiefen Tellern anrichten. Joghurt mit einem Teelöffel daraufsetzen. Die gehackten Chips darüberstreuen und sofort servieren.

LAMMKOTELETTS MIT TOMATENBULGUR

Für 4 Personen | ca. 40 Min. Zubereitung | ca. 25 Min. Garzeit
Rezept von Jacqueline Amirfallah (Rezeptfoto siehe S. 56)

ZUTATEN:
2 rote Zwiebeln
2 Knoblauchzehen
100 ml Olivenöl
1 TL Chiliflocken
12 Lammkoteletts
4 Strauchtomaten (mit Grün)
1 Fleischtomate
½ l Hühnerbrühe
½ TL Bockshornkleesamen
½ TL Schwarzkümmelsamen
200 g Bulgur
Salz
1 Bund Petersilie
1 EL Schwarzkümmelöl
1 EL Mandeln
Pfeffer aus der Mühle
Zucker

1. Für die Koteletts 1 Zwiebel schälen, auf einer groben Reibe raspeln. 1 Knoblauchzehe schälen und mit einer Gabel andrücken. 50 ml Olivenöl mit ½ TL Chiliflocken, der Knoblauchzehe und der geriebenen Zwiebel mischen. Lammkoteletts mit der Zwiebelmischung einreiben, in eine flache Form legen und in der Marinade etwas ziehen lassen.

2. Strauchtomaten kreuzweise einritzen, überbrühen und häuten. Jeweils einen Deckel abschneiden und die Tomaten aushöhlen. Fleischtomate waschen, vierteln und in Würfel schneiden, dabei den Stielansatz entfernen. Mit den Resten der ausgehöhlten Strauchtomaten und der Brühe pürieren, dann passieren.

3. Bockshornklee- und Schwarzkümmelsamen mörsern. Übrige Zwiebel schälen, in feine Würfel schneiden und in einem Topf in 1 EL Olivenöl andünsten. Übrige Chiliflocken, Bockshornklee und Schwarzkümmel dazugeben. Den Bulgur einstreuen und kurz mit andünsten. Die Tomatenbrühe angießen, Bulgur mit etwas Salz würzen und etwa 15 Minuten köcheln lassen.

4. Die Petersilie waschen, trocken schütteln und grob hacken. Übrigen Knoblauch schälen. Petersilie, Knoblauch, Schwarzkümmelöl, etwa 3 EL Olivenöl und die Mandeln mit dem Stabmixer pürieren, mit Salz würzen.

5. Die Gewürze von den Lammkoteletts abstreifen, Fleisch in einer heißen Grillpfanne von beiden Seiten knusprig grillen.

6. Bulgur mit Salz und Pfeffer würzen. Die ausgehöhlten Tomaten zum Erhitzen kurz in kochendes Wasser tauchen, gut abtropfen lassen. Mit Salz, Pfeffer, Zucker und etwas Olivenöl würzen, den Bulgur einfüllen. Tomaten und Lammkoteletts mit dem Petersilienpesto anrichten.

POLENTA MIT MAIS UND WILDRAGOUT

Für 4 Personen | ca. 20 Min. Zubereitung | ca.1 Std. 15 Min. Garzeit
Rezept von Jacqueline Amirfallah

**FÜR DAS RAGOUT UND
DEN MAIS:**
1 kg Wildschweinfleisch aus der
Keule
2 Zwiebeln
1 kleine Möhre
2 EL Butterschmalz
Salz
1 l Wild- oder Hühnerbrühe
3 Zweige Thymian
1 Lorbeerblatt
2 EL getrocknete Steinpilze
4 Maiskolben
2 EL brauner Zucker

FÜR DIE POLENTA:
¼ l Milch
¼ l Hühnerbrühe
Salz
125 g grober Polentagrieß
1 Bund Petersilie
50 g Butter + Butter für die Form
50 g geriebener Parmesan

1. Für das Ragout das Fleisch in etwa 1 cm große Würfel schneiden. Die Zwiebeln schälen und in Würfel schneiden, die Möhre putzen, schälen und ebenfalls in feine Würfel schneiden. In einem Schmortopf 1 EL Butterschmalz erhitzen, das Fleisch darin rundum anbraten und mit Salz würzen. Zwiebeln und Möhre zum Fleisch geben und mitbraten, etwas Brühe angießen.

2. Thymian waschen und trocken schütteln. Lorbeer, Thymian und getrocknete Steinpilze zum Fleisch geben, zugedeckt bei schwacher Hitze etwa 1 Stunde weich schmoren, dabei immer wieder umrühren und etwas Brühe dazugeben. Das Fleisch sollte jedoch nie vollständig mit Brühe bedeckt sein.

3. Inzwischen für den Mais die Maiskolben in Salzwasser etwa 20 Minuten weich kochen.

4. Für die Polenta Milch und Brühe mischen und zum Kochen bringen, mit etwas Salz würzen. Den Polentagrieß einstreuen und unter Rühren 10 Minuten köcheln lassen.

5. Die Petersilie waschen, trocken schütteln und fein hacken. Butter, Parmesan und Petersilie unter die Polenta rühren, nochmals abschmecken und 2 cm hoch in einer gebutterten Form ausstreichen und erkalten lassen.

6. Kurz bevor das Ragout fertig ist die Polenta aus der Form lösen und in Stücke schneiden. Eine Grillpfanne erhitzen und die Polentastücke darin kurz von jeder Seite anbraten.

7. Die Maiskörner von den Kolben herunterschneiden, in einer Pfanne im restlichen Butterschmalz anbraten, den braunen Zucker darüberstreuen und den Mais karamellisieren. Die Polenta mit dem Wildragout und den karamellisierten Maiskörnern servieren.

REZEPT
„GELBES CURRY
MIT POULARDE
UND KÜRBIS"
SIEHE S. 95

GEFLÜGEL-GERICHTE

Huhn & Co. stehen nicht nur bei uns ganz oben auf dem Speiseplan. Exotische Gewürze und typische Garmethoden sorgen für Abwechslung.

GEFLÜGELSALAT MIT ORANGEN, DATTELN UND MANDELN

Für 4 Personen | ca. 25 Min. Zubereitung | ca.15 Min. Garzeit

Rezept von Ali Güngörmüs

ZUTATEN:

1 rote Zwiebel
Salz
2 Orangen
12 getrocknete Datteln (ohne Stein)
2 EL Rauchmandeln, geröstet und gesalzen
3 EL Rapsöl
4 Bio-Hähnchenbrustfilets mit Haut (à 140 g)
2 Radicchio
1 Bund Brunnenkresse
½ Bund rotes Basilikum
½ TL Zucker
etwas Sumach (aus dem orientalischen Lebensmittelladen)
4 EL Olivenöl
1 Zweig Rosmarin
2 Zweige Thymian

1. Die Zwiebel schälen, halbieren und längs in dünne Spalten schneiden. Bis zur Weiterverarbeitung in eine Schüssel mit eiskaltem, leicht gesalzenem Wasser legen.

2. Orangen so großzügig schälen, dass auch die weiße Haut mit entfernt wird. Die Filets zwischen den einzelnen Trennhäuten herausschneiden. Die Datteln in Streifen schneiden, die Rauchmandeln grob hacken. Den Backofen auf 180 °C vorheizen.

3. Rapsöl in einer ofenfesten Pfanne erhitzen. Hähnchenbrustfilets waschen, trocken tupfen, mit Salz würzen und in der Pfanne zunächst auf der Hautseite etwa 3 Minuten braten. Wenden, die Pfanne in den Ofen geben und das Fleisch auf der mittleren Schiene etwa 8 Minuten auf den Punkt garen.

4. Inzwischen den Radicchio putzen, die Blätter waschen, trocken schleudern und etwas kleiner zupfen. Brunnenkresse und Basilikum waschen, trocken schütteln und die Blätter abzupfen.

5. Radicchioblätter mit etwas Salz und 1 Prise Zucker würzen, auf vier Teller verteilen. Zwiebelspalten gut abtropfen lassen und mit Brunnenkresse, Orangenfilets, Datteln und Mandeln auf den Radicchioblättern verteilen. Jeweils mit 1 Prise Sumach würzen und mit etwa 1 EL Olivenöl beträufeln.

6. Rosmarin und Thymian waschen, trocken tupfen. Hähnchenbrustfilets aus dem Ofen nehmen, in die Pfanne ins Bratfett der Hähnchen Rosmarin- und Thymianzweige legen, kurz ziehen lassen. Das Fett mit einem Esslöffel über das Fleisch träufeln.

7. Hähnchenbrustfilets aus der Pfanne nehmen, in schräge Scheiben schneiden und auf den vorbereiteten Salattellern anrichten. Mit Basilikumblättern garnieren und servieren.

ENTENBRUST-SALAT „THAI"

Für 2 Personen | ca.20 Min. Zubereitung
ca.15 Min. Garzeit
Rezept von Otto Koch

ZUTATEN: 1–2 Entenbrustfilets (à 150 g) • Salz • Pfeffer aus der Mühle • 2 Schalotten • 2 Knoblauchzehen 10 g Galgant (Thai-Gewürzknolle; oder Ingwer) • ½ Bund Koriander • 2 Kaffirlimettenblätter • 2 Frühlingszwiebeln • 2 TL Basmatireis • 2 EL thailändische Fischsauce (aus dem Asialaden) • etwas Zitronensaft • Chilipulver 4 große Kopfsalatblätter

---

1. Den Backofen auf 160 °C vorheizen. Fleisch waschen, trocken tupfen, die Haut gitterförmig einschneiden. Mit Salz und Pfeffer würzen. Die Filets auf der Hautseite in einer ofenfesten Pfanne bei mittlerer Hitze goldbraun braten. Wenden und im Ofen auf der mittleren Schiene etwa 10 Minuten fertig garen. Herausnehmen, in Alufolie einwickeln und 5 Minuten ruhen lassen.

2. Inzwischen Schalotten, Knoblauch und Galgant schälen, in Würfel schneiden. Koriander waschen, trocken schütteln, fein hacken. Kaffirlimettenblätter waschen, trocken tupfen, in feine Streifen schneiden. Frühlingszwiebeln putzen, waschen und in feine Ringe schneiden. Reis in einer heißen Pfanne trocken goldbraun rösten, dann im Mörser leicht zerstoßen.

3. Lauwarm abgekühlte Entenbrustfilets fein schneiden bzw. hacken und mit Schalotten, Knoblauch, Galgant, Koriander, Limettenblättern, Frühlingszwiebeln und gemörsertem Reis mischen. Mit Fischsauce, Zitronensaft und Chilipulver abschmecken.

4. Die Salatblätter putzen, waschen und trocken tupfen. Den Entensalat in die Kopfsalatblätter einwickeln und servieren.

HÄHNCHEN MIT MOLE POBLANO

Für 4 Personen | ca. 30 Min. Zubereitung | ca.1 Std. 30 Min. Garzeit | mind. 12 Std. Einweichzeit

Rezept von Jacqueline Amirfallah

FÜR DEN BOHNEN-REIS UND DAS HÄHNCHEN:

100 g getrocknete schwarze Bohnenkerne
4 Hähnchenbrustfilets mit Haut
Salz
2 EL Butterschmalz
250 g Langkornreis
1 rote Zwiebel
2 EL Butter
Pfeffer aus der Mühle

FÜR DIE MOLESAUCE:

2–3 getrocknete Chilischoten
1 Zwiebel
1 Knoblauchzehe
2 Fleischtomaten
1 EL Olivenöl
Salz • Pfeffer aus der Mühle
2 Limetten
1 Gewürznelke
¼ TL Anissamen
1 TL Zimtpulver
2 TL Sesamsamen
70 g Mandeln
70 g ungesalzene Erdnüsse
70 g Rosinen
1 EL brauner Rohrzucker
ca. ½ l Hühnerbrühe
100 g mexikanische Koch-schokolade (ersatzweise Zartbitterschokolade)

1. Am Vortag für den Bohnen-Reis die Bohnenkerne über Nacht in reichlich kaltem Wasser einweichen. Am nächsten Tag abgießen, in einem Topf knapp mit Wasser bedeckt 1 bis 1½ Stunden garen. Bei Bedarf noch etwas Wasser nachgießen.

2. Inzwischen für die Molesauce Chilischoten in grobe Würfel schneiden und in einer Pfanne ohne Fett kurz anrösten. Anschließend in 1 l warmem Wasser einweichen. Zwiebel und Knoblauch schälen, in Würfel schneiden. Tomaten kreuzweise einritzen, überbrühen, häuten und grob hacken.

3. Das Olivenöl in einer Pfanne erhitzen, Zwiebel und Knoblauch darin andünsten. Tomaten dazugeben und mit Salz und Pfeffer würzen. Chili abgießen und gut abtropfen lassen. Den Saft der Limetten auspressen. Gewürznelke, Anis, Zimt und Sesam grob mörsern und in einer weiteren Pfanne anrösten. Mandeln, Erdnüsse, Rosinen und Chili dazugeben.

4. Tomaten, Gewürz-Nuss-Mischung und Zucker fein pürieren. Mit dem Limettensaft in einen Topf geben und mit der Brühe aufgießen. Schokolade raspeln und unterrühren. Molesauce 30 Minuten offen sämig einköcheln lassen, öfter umrühren.

5. Für das Hähnchen den Backofen auf 75°C vorheizen. Das Fleisch waschen, trocken tupfen und salzen. Im Butterschmalz in einer ofenfesten Pfanne goldbraun anbraten. Dann im Ofen auf der mittleren Schiene etwa 20 Minuten fertig garen.

6. Reis nach Packungsanweisung in Salzwasser garen. Die rote Zwiebel schälen und in feine Würfel schneiden. Die Butter in einer Pfanne erhitzen, Zwiebelwürfel darin andünsten. Reis und Bohnen abgießen und untermischen. Mit Salz und Pfeffer würzen. Hähnchenbrustfilet aus dem Ofen nehmen und aufschneiden. Mit der Sauce und dem Bohnen-Reis servieren.

DRUMSTICKS MIT BBQ-RUB UND SÜSSKARTOFFELN

Für 4 Personen | ca. 30 Min. Zubereitung | ca. 50 Min. Garzeit

Rezept von Christina Richon

FÜR DEN RUB:

6 g Pimentkörner
6 g schwarze Pfefferkörner
3 g Zimtstange
2 g Kreuzkümmel
2 Gewürznelken
4 g Paprikapulver, edelsüß
2 g getrocknete, scharfe Chilis
2 g frisch geriebene Muskatnuss
2 g Ingwerpulver
1 g granulierter getrockneter Knoblauch
2 g granulierte getrocknete Zwiebeln
15 g brauner Rohrzucker
20 g Salz

FÜR DRUMSTICKS, SÜSSKARTOFFELN UND SAUCE:

8 Hähnchenunterschenkel (Drumsticks)
600 g Süßkartoffeln
2 EL Rapsöl
Salz
gemahlener Koriander
3 EL fein gemahlene Erdnüsse
2 Bio-Limetten
200 ml Hühnerbrühe
90 g Ketchup
50 g scharfer Senf
2 EL Honig
1 EL brauner Rum
Korianderblätter zum Garnieren

1. Für den Rub Piment-, Pfefferkörner, Zimt, Kreuzkümmel und Gewürznelken in einer Pfanne ohne zusätzliches Fett rösten, bis sie anfangen zu duften. Auf einem Teller abkühlen lassen.

2. Übrige Rub-Zutaten und die gerösteten Gewürze in einem Mixer fein mahlen. Die Gewürzmischung in einem Schraubglas aufbewahren (so ist sie bis zu 3 Monate haltbar). Den Backofen auf 180 °C vorheizen.

3. Für die Drumsticks die Hähnchenunterschenkel kalt waschen, trocken tupfen und mit 1 bis 2 EL Rub einreiben. Auf einem Backofengitter verteilen.

4. Für die Süßkartoffelsticks die Süßkartoffeln schälen, waschen und in knapp 2 cm breite Spalten schneiden. Kartoffelspalten auf ein mit Backpapier begelegtes Backblech legen. Mit Öl beträufeln und mit Salz, Koriander und Erdnüssen bestreuen. Kartoffeln auf der untersten, die Drumsticks auf der dritten Schiene im Ofen zusammen 30 bis 35 Minuten garen.

5. Inzwischen die Sauce zubereiten. 1 Limette heiß waschen, trocken reiben und die Schale fein abreiben. Saft auspressen.

6. Brühe, Ketchup, Senf, Honig und etwa 1 TL Rub in einem Topf aufkochen, zu einer dicklichen Sauce einkochen. Mit etwas Limettensaft, -schale, Rum und evtl. Salz abschmecken.

7. Falls die Drumsticks noch nicht genügend gegart und gebräunt sind, kurz den Backofengrill (etwa 250 °C Oberhitze) zuschalten und die Keulen knusprig bräunen.

8. Die übrige Limette vierteln. Die Drumsticks mit Süßkartoffeln, Sauce, Limettenvierteln und Korianderblättchen servieren.

HÄHNCHEN IN HARISSASAUCE MIT PILAW

*Für 4 Personen | ca. 35 Min. Zubereitung
ca. 35 Min. Garzeit*

Rezept von Jacqueline Amirfallah
(Rezeptfoto siehe Cover)

ZUTATEN:

2 Zwiebeln
3 rote Paprikaschoten
1 EL Butterschmalz
2–3 TL Harissa (arabische Chili-
Würzpaste; aus dem orientalischen Lebensmittelladen)
Salz
Zucker
½ l Hühnerbrühe
4 Hähnchenbrüste mit Haut und
Flügelknochen (à ca. 200 g)
80 g Sahne
12 EL Sonnenblumenöl
2 EL Honig
50 g Bulgur
200 g Basmatireis
1 Frühlingszwiebel
2 EL Butter
10 getrocknete Aprikosen
1 EL Pistazien

1. Zwiebeln schälen und in Würfel schneiden. 2 Paprikaschoten längs halbieren, entkernen, waschen und in feine Würfel schneiden. 2 EL Paprikawürfel beiseitestellen. Butterschmalz in einem Topf erhitzen und die Hälfte der Zwiebelwürfel darin anbraten. Paprikawürfel dazugeben und etwa 3 Minuten schmoren. 1 bis 2 TL Harissa unterrühren, mit Salz und Zucker würzen. 300 ml Brühe angießen und einkochen lassen. Pürieren, passieren und die Harissasauce nochmals abschmecken.

2. Fleisch waschen, trocken tupfen, je 100 g kleine Fleischstücke abschneiden. Fleischstücke, Sahne und 2 EL Paprikawürfel pürieren. Mit Salz und Harissa würzen. Haut der Bruststücke etwas anheben, die Farce aufstreichen und die Haut wieder darüberklappen. Den Backofen auf 120 °C vorheizen. Fleisch in einer ofenfesten Pfanne im Öl anbraten, dünn mit etwas Honig bestreichen. Im Ofen auf mittlerer Schiene etwa 15 Minuten fertig garen, dabei öfter mit dem restlichen Honig bestreichen.

3. Bulgur in der restlichen Brühe etwa 10 Minuten garen. Reis waschen, in Salzwasser etwa 7 Minuten garen, abgießen, kalt abspülen und abtropfen lassen. Übrige Paprikaschote und Frühlingszwiebel putzen und waschen. Paprika und Grün der Frühlingszwiebel fein schneiden, den weißen Anteil in Würfel schneiden. Butter in einer Pfanne erhitzen, übrige Zwiebelwürfel, weiße Frühlingszwiebelwürfel und Paprika darin anbraten. Basmatireis und Bulgur mitbraten. Das Frühlingszwiebelgrün, Aprikosen und Pistazien daruntermischen und abschmecken. Das Hähnchen mit Harissasauce und Pilaw servieren.

GELBES CURRY MIT POULARDE UND KÜRBIS

*Für 2 Personen | ca. 20 Min. Zubereitung
ca. 25 Min. Garzeit*

Rezept von Karlheinz Hauser
(Rezeptfoto siehe S. 84)

ZUTATEN:
5 EL Öl
3 EL gelbe Currypaste (aus dem
Asialaden)
100 ml Hühnerbrühe
1 Stängel Zitronengras
300 ml Kokosmilch
Salz
Zucker
50 g Cashewkerne
4 Schalotten
1 Möhre
80 g Zuckerschoten
200 g Hokkaidokürbis
300 g Maispoulardenfilet
1 TL Wasabipaste (japan.
Meerrettich)
½ Bund Koriander

1. In einem Topf 2 EL Öl erhitzen. Currypaste einrühren und leicht andünsten. Mit Brühe ablöschen und die Paste unter Rühren auflösen. Sanft köcheln lassen. Zitronengras putzen, andrücken und dazugeben. Kokosmilch angießen, etwa 10 Minuten leicht köcheln lassen. Mit Salz und Zucker würzen.

2. Cashewkerne in einer Pfanne leicht anrösten. Schalotten schälen, Möhre putzen und schälen. Schalotten in grobe Würfel, die Möhre erst in dünne Streifen, dann in Rauten schneiden. Zuckerschoten putzen, waschen und ebenfalls in Rauten schneiden. Kürbis putzen, waschen und in Scheiben schneiden. Das Fleisch waschen, trocken tupfen und in Streifen schneiden.

3. Die Schalotten in 2 EL Öl andünsten, die Möhre kurz mitdünsten. Zuckerschoten und Kürbis dazugeben, kurz schwenken. Poulardenbrust in 1 EL Öl kurz und scharf anbraten. Fleisch und Cashewkerne in die heiße Sauce geben, ebenso die komplette Gemüsepfanne. Alles kurz ziehen lassen. Wasabipaste untermischen. Koriander waschen, trocken schütteln, grob zupfen.

4. Das Curry abschmecken und mit Koriander bestreut servieren. Dazu passt Basmatireis.

ZAUBERHAFTE WELT
DER GEWÜRZE

Wer könnte jemals zählen, wie viele unterschiedliche Gewürze es auf der Welt gibt? Ganz zu schweigen von den unzähligen Gewürzmischungen, die weltweit für Genuss sorgen und deren genaue Zusammensetzung teilweise streng gehütetes Familiengeheimnis ist. Das ist auch der Grund dafür, dass sich bekannte traditionelle Gewürzmischungen wie indisches **Garam Masala**, asiatische **Currypasten** und arabisches **Harissa** zwar in ihren Grundzutaten beschreiben lassen – ihr Geschmack kann aber dennoch je nach Region und Vorliebe variieren. Besonders intensives Aroma entfalten Gewürze übrigens, wenn sie vor der Verwendung in einer Pfanne ohne Fett leicht angeröstet werden.

Eines der ältesten und meistgeschätzten Gewürze der Welt ist **Kardamom**, und nach **Safran** und **Vanille** auch das drittteuerste. Die Würze der Pflanze, die wild in den Regenwäldern Südindiens und Sri Lankas wächst, liegt in den kleinen Samen. Diese bilden getrocknet und zerrieben die Hauptzutat für indisches **Garam Masala** und **Currypulver**. In Arabien verleihen die Kardamomkapseln, die traditionell in den Ausguss der Kaffeekanne gesteckt werden, dem Kaffee den für das Land typische Aroma. Auch im hohen Norden ist sein wärmendes Aroma beliebt und wird in Skandinavien für würzigen Kuchen, Kleingebäck und Brot verwendet.

Zu den am weitesten verbreiteten Gewürzen in der westlichen Welt gehört der **Pfeffer**, dessen Schärfe süße und salzige Gerichte verfeinert. Verwendet wird er als ganze Körner, zerdrückt oder gemahlen, und wartet mit großer Sortenvielfalt auf: schwarzer, weißer, grüner, rosa, langer Pfeffer aus dem Fernen Osten – die Liste ist lang und abwechslungsreich. Sprachlich und botanisch verwandt ist ihm der exotische **Kubebenpfeffer**. Die unreife Frucht aus der Familie der Pfefferpflanze ist Bestandteil der nordafrikanischen Gewürzmischung **Ras-el-Hanout**, schmeckt eher bitter und erinnert geschmacklich an Nelkenpfeffer. Scharfe Würze auf ganz andere Weise bringt **Chili** ins Spiel, denn sie bezieht ihre Schärfe aus dem Wirkstoff Capsaicin, einem natürlichen Alkaloid.

Dieses reizt die Nervenenden und sollte nicht in großen Mengen aufgenommen werden. Da das auch über die Haut passieren kann, empfiehlt es sich, bei der Zubereitung Einmalhandschuhe zu tragen. Die Heimat der Chilischoten liegt in Zentral- und Südamerika, in vielen Formen, Größen und Farben sind sie aber über den ganzen Erdball verteilt: Mit Pfeffer, Ingwer und Kurkuma (Gelbwurz) ist Chili das am meisten angebaute Gewürz weltweit. In der Küche werden reife Chilis häufig getrocknet, zerstoßen, in Flocken oder gemahlen verwendet. Die kleine Schwester des Chilipulvers ist **Paprikapulver**, dessen geschmackliche Spannweite von mild (edelsüß) bis scharf (rosenscharf) reicht und dessen Aroma als süß mit leicht bitterem Beigeschmack beschrieben werden kann. In Ungarn ist Paprika Nationalgewürz und unersetzlich in Gulasch, Eintöpfen und Geflügelgerichten. Auch in der Küche Spaniens und Portugals wird Paprikagewürz gern genommen.

In der Familie der Ingwergewächse finden sich einige Gewürze, die insbesondere die asiatische Geschmackswelt prägen: Neben der **Ingwerwurzel** sind **Galgant** und **Kurkuma** ihre Hauptvertreter, die vor allem in Currygewürzen, Eintöpfen, Bohnen- und Linsengerichten zum Einsatz kommen. Kurkuma sorgt überdies für die leuchtend gelbe Farbe und wird außerhalb der Küche auch häufig als Färbemittel eingesetzt.

Farbe verleihen auch Rinde und Blätter der Sumach-Pflanze. Die roten Beeren aus dem mittleren Osten wurden bereits zu Zeiten der Römer verwendet, als die Zitrone dort noch nicht bekannt war. Die fruchtig-säuerliche Note von **Sumach** wird besonders im Libanon geschätzt.

Neben trockenen Gewürzen verwendet vor allem die asiatische Küche unterschiedliche Würzsaucen zum Aromatisieren, als Salzersatz zum Beispiel **Austern-**, **Fisch-** und verschiedene **Sojasaucen**. Die indonesische Küche unterscheidet Letztere in drei Sorten: **Ketjap asin**, **Ketjap manis** und **Ketjap sedang**, wobei die Konsistenz von dünnflüssig und sehr salzig bis dicklicher und süß reicht. Die japanische **Ponzusauce** kombiniert die Sojasauce mit Zitronensaft und fügt ihr so eine frische säuerliche Komponente hinzu.

HÄHNCHEN MIT SALZZITRONE AUS DER TAJINE

Für 4 Personen | ca. 25 Min. Zubereitung | ca. 45 Min. Garzeit

Rezept von Jacqueline Amirfallah

ZUTATEN:

4 Hähnchenkeulen
Salz
½ TL gemahlene Kurkuma
3–4 Schalotten
2 Salzzitronen (z. B. aus dem orientalischen Lebensmittel-laden; ggf. 1 Stunde wässern)
½ Bund Thymian
1 EL Olivenöl
600 ml Hühnerbrühe
2–3 Möhren
500 g Blattspinat
180 g feiner Instant-Couscous
½ rote Chilischote
½ Bund Koriander
fein abgeriebene Schale und Saft von 1 Bio-Zitrone

1. Von den Hähnchenkeulen die Haut ablösen. Die Keulen waschen, trocken tupfen, mit Salz und Kurkuma würzen. Die Schalotten schälen und in Würfel schneiden. 1 Salzzitrone in Würfel, die andere in feine Scheiben schneiden. Den Thymian waschen, trocken schütteln und die Blätter abzupfen.

2. Das Olivenöl in einer großen Tajine oder in einem Schmortopf erhitzen, die Keulen darin anbraten. Die Hälfte der Schalotten und die Salzzitronenwürfel kurz mitbraten. Etwas Brühe und den Thymian dazugeben und alles zugedeckt etwa 15 Minuten schmoren.

3. Inzwischen die Möhren putzen, schälen und in Stücke schneiden. Möhren und restliche Schalotten zu den Hähnchenkeulen geben. Weitere 15 Minuten mit geschlossenem Deckel köcheln lassen.

4. Den Spinat verlesen, waschen und abtropfen lassen. Grobe Stiele entfernen. Den Spinat mit den Zutaten in der Tajine mischen, zugedeckt 6 Minuten garen.

5. Die übrige Brühe in einem Topf aufkochen. Den Couscous einstreuen und etwa 3 Minuten zugedeckt quellen lassen. Die Chilischote längs halbieren, entkernen, waschen und in feine Würfel schneiden. Den Koriander waschen, trocken schütteln und die Blätter abzupfen.

6. Tajine mit Zitronenschale und -saft, übriger Salzzitrone, Chili und Koriander würzen. Den Couscous dazu reichen.

SATÉSPIESSE MIT ERDNUSSSAUCE

Für 4 Personen | ca. 20 Min. Zubereitung
ca. 15 Min. Garzeit
Rezept von Otto Koch

ZUTATEN: 2 Knoblauchzehen • 100 ml Sojasauce + Sojasauce zum Abschmecken • 50 ml Fischsauce (aus dem Asialaden) • 80 ml Sesamöl • 400 g Hähnchenbrustfilet 10 g Ingwer • ½ Stängel Zitronengras • 200 g geschälte Erdnüsse • 3 EL Erdnussöl • etwas Sweet Chilisauce (aus dem Asialaden) • 100 ml Hühnerbrühe • 200 ml Kokosmilch

---

1. Den Knoblauch schälen. Sojasauce, Fischsauce und Sesamöl verrühren, 1 Knoblauchzehe dazupressen.

2. Für die Spieße das Fleisch waschen, trocken tupfen und in möglichst lange Streifen schneiden. Die Hähnchenstreifen wellenförmig auf gewässerte Holzspieße stecken und in die Marinade einlegen.

3. Für die Erdnusssauce den Ingwer schälen und in feine Würfel schneiden. Vom Zitronengras die welken Außenblätter und die obere, trockene Hälfte entfernen, die untere Hälfte fein schneiden. Die Erdnüsse in einem Topf in 2 EL Erdnussöl anbraten. Übrigen Knoblauch in Würfel schneiden, mit Ingwer und Zitronengras dazugeben. Nach Geschmack mit etwas Sweet Chilisauce würzen. Alles mit Brühe ablöschen und mit Kokosmilch aufgießen, einige Minuten köcheln lassen. Dann mit dem Stabmixer pürieren und mit Sojasauce abschmecken.

4. Die Spieße aus der Marinade nehmen, abtupfen und in einer Pfanne im übrigen Erdnussöl braten. Die Satéspieße mit der Erdnusssauce servieren.

THAILÄNDISCHER EINTOPF MIT HÄHNCHEN UND GARNELEN

Für 4 Personen | ca. 35 Min. Zubereitung | ca. 30 Min. Garzeit

Rezept von Jacqueline Amirfallah

ZUTATEN:

10 Garnelen (mit Kopf und
Schale; Größe 8/12, Wildfang)
2 Stängel Zitronengras
5 g Galgantwurzel
200 ml Kokosfett
1 l Hühnerbrühe
1 Hähnchenbrustfilet
etwas Fischsauce (aus dem Glas;
aus dem Asialaden)
10 Shiitakepilze
200 g Sahne
Salz
5 Kaffirlimettenblätter
10 Zuckerschoten
½ Bund Thaibasilikum
¼ l Kokosmilch
1 Spritzer Austernsauce (aus
dem Asialaden)
abgeriebene Schale und Saft von
2 Bio-Limetten

1. Von den Garnelen Kopf, Schale und Schwanzfächer ablösen. Den Darm entfernen (siehe S. 52). Garnelen, Köpfe und Schalen waschen, Köpfe und Schalen beiseitelegen. Zitronengras putzen, in grobe Stücke schneiden. Galgant schälen, grob schneiden. In einem Topf 2 EL Kokosfett erhitzen, Garnelenköpfe und -schalen mit Galgant und Zitronengras darin andünsten. Zwei Drittel der Brühe angießen, aufkochen und 15 Minuten köcheln lassen.

2. Das Hähnchenbrustfilet waschen, trocken tupfen und in einem Topf mit der restlichen Brühe bedecken. Mit 1 Spritzer Fischsauce würzen, das Fleisch siedend gar ziehen lassen. Pilze putzen, in feine Scheiben schneiden, zur Hähnchenbrust geben.

3. Garnelen grob zerkleinern. 250 g Garnelenfleisch mit der Sahne pürieren, mit Salz würzen. In einer Pfanne 1 EL Kokosfett erhitzen, restliche Garnelenstücke darin anbraten, leicht salzen. 1 Kaffirlimettenblatt fein hacken, mit Garnelenfarce und gebratenen Garnelen in einer Schüssel mischen. Aus der Masse kleine Bällchen formen. In einem Topf 3 cm hoch Kokosfett erhitzen, Bällchen darin frittieren. Herausnehmen, abtropfen lassen.

4. Zuckerschoten waschen, in feine Streifen schneiden. Basilikum waschen, trocken schütteln, Blätter abzupfen. Die Brühe mit den Garnelenschalen durch ein Sieb passieren, mit Kokosmilch mischen. Mit je 1 Spritzer Fisch- und Austernsauce, Limettenschale und -saft würzen. Hähnchenbrust und Shiitakepilze aus der Brühe nehmen. Die Brühe zur Kokosmilchsuppe geben.

5. Hähnchenbrust fein schneiden, mit den Zuckerschoten auf Suppenschalen verteilen. Je 1 Kaffirlimettenblatt und einige Basilikumblätter dazugeben. Garnelenbällchen auf vier Holzspieße stecken. Suppe noch einmal aufkochen, in die Schalen gießen. Je 1 Spieß Garnelenbällchen dazulegen und servieren.

GESCHMORTE HÄHNCHEN-KEULEN MIT RHABARBER

Für 4 Personen | ca. 35 Min. Zubereitung | ca.1 Std. Garzeit | ca. 30 Min. Marinierzeit

Rezept von Jacqueline Amirfallah

ZUTATEN:

6 Stangen Rhabarber (z.B. Sorte Himbeerrhabarber)
2 rote Zwiebeln
½ TL Korianderkörner
4 Hähnchenkeulen
Salz
ca. 4 EL Butterschmalz
¼ l Hühnerbrühe
200 g Basmatireis
1 Bund Frühlingszwiebeln
1 Knoblauchzehe
200 ml Sonnenblumenöl
20 ml geröstetes Sesamöl
brauner Zucker

1. Rhabarber putzen und waschen. 2 Rhabarberstangen klein schneiden. Zwiebeln schälen, in feine Würfel schneiden. Korianderkörner im Mörser zerstoßen.

2. Hähnchenkeulen waschen, trocken tupfen, im Gelenk durchschneiden. Salzen, mit Koriander würzen und in 2 EL Butterschmalz anbraten. Zwiebeln und klein geschnittenen Rhabarber kurz mit anbraten, dann so viel Brühe angießen, dass die Keulen etwa 1 cm hoch in der Flüssigkeit liegen. Etwa 35 Minuten schmoren, bis sich das Fleisch leicht vom Knochen löst. Evtl. öfter Brühe nachgießen. Inzwischen den Reis gründlich waschen, in Salzwasser etwa 7 Minuten garen.

3. Frühlingszwiebeln putzen und waschen. Restliche Rhabarberstangen längs in schmale Streifen schneiden, mit den Frühlingszwiebeln in eine flache Schale legen. Knoblauch schälen, in feine Scheiben schneiden. Beide Öle, etwas Salz, 1 Prise Zucker und den Knoblauch verrühren. Die Marinade über Rhabarber und Frühlingszwiebeln gießen, 30 Minuten ziehen lassen.

4. Reis in ein Sieb abgießen, abspülen und abtropfen lassen. Etwas Butterschmalz in dem Topf zerlassen, den Reis zurück in den Topf geben und zu einem Kegel schichten. Bei schwacher Hitze zugedeckt gut 20 Minuten dämpfen.

5. Rhabarber und Frühlingszwiebeln aus der Marinade nehmen und abtropfen lassen, die Marinade beiseitestellen. Eine Grillpfanne erhitzen, mit Butterschmalz auspinseln. Rhabarber und Frühlingszwiebeln bei großer Hitze von allen Seiten grillen. Herausnehmen und zurück in die Marinade legen.

6. Das Fleisch von den Knochen lösen. Den Schmorfond passieren, mit Rhabarbermarinade abschmecken. Fleisch anrichten, die Sauce angießen, dazu Gemüsestreifen und Reis servieren.

GÄNSEPIROGGEN AUF KRAUTSALAT

Für 4 Personen | ca. 45 Min. Zubereitung | ca. 2 Std. Garzeit
Rezept von Jörg Sackmann

FÜR DIE PIROGGEN:

3 Gänsekeulen
2 EL Erdnussöl
je 1 Zwiebel und 1 Möhre
2 Stangen Staudensellerie
1 Stange Lauch
Salz • Pfeffer aus der Mühle
120 g kalte Butter
200 g Mehl
+ Mehl für die Arbeitsfläche
3 Zweige Thymian
1 Zweig Rosmarin
2 Schalotten
2 Knoblauchzehen
5 g Ingwer
1 Stängel Zitronengras
40 ml Orangenlikör
20 g Zucker
40 g Aceto balsamico
400 ml Rotwein
ca. 600 g Frittierfett

FÜR DEN SALAT:

50 g Pinienkerne
600 g Weißkohl
2 Zwiebeln • 1 Knoblauchzehe
60 ml Olivenöl
100 ml Geflügelfond (aus dem Glas)
Zucker
Salz • Pfeffer aus der Mühle
1 Msp. gemahlener Kreuzkümmel
1 Msp. Garam Masala (indische Würzmischung)
50 ml Aceto balsamico

1. Für die Piroggen die Gänsekeulen waschen und trocken tupfen. Das Öl in einer Pfanne erhitzen, die Keulen darin auf der Hautseite anbraten. Die Zwiebel schälen, das Gemüse putzen und schälen bzw. waschen, in Würfel schneiden. Mit dem Fleisch anbraten, mit Salz und Pfeffer würzen. Mit Wasser bedeckt 1½ bis 2 Stunden schmoren.

2. Inzwischen für den Teig Butter, Mehl, 2 EL eiskaltes Wasser und 1 Prise Salz verkneten. Den Teig kühl stellen.

3. Thymian und Rosmarin waschen, trocken tupfen und zu den Keulen geben. Flüssigkeit offen einkochen, bis nur noch das Fett übrig ist. Das Fleisch herausnehmen, vom Knochen lösen und in Streifen schneiden. Den Gänseansatz passieren.

4. Schalotten, Knoblauch und Ingwer schälen, in feine Würfel schneiden. Zitronengras putzen, sehr fein schneiden. Likör und Zucker sirupartig einkochen. Essig angießen und aufkochen. Wein, Zitronengras, Ingwer, Knoblauch und Schalotten dazugeben, die Flüssigkeit um die Hälfte einkochen. Das Fleisch und den Gänseansatz hinzufügen, kurz einkochen.

5. Für den Salat die Pinienkerne rösten. Kohl putzen, waschen und fein schneiden. Zwiebeln und Knoblauch schälen, in Würfel schneiden. Mit dem Kohl in 2 EL Olivenöl andünsten. Den Fond angießen, 5 Minuten köcheln lassen. Zucker, Salz, Pfeffer, Kreuzkümmel und Garam Masala dazugeben. Mit Essig und restlichem Olivenöl würzen. Die Pinienkerne untermischen.

6. Für die Gänsepiroggen den Teig auf der bemehlten Arbeitsfläche dünn ausrollen und Kreise (ca.11 cm Ø) ausstechen. Jeden Teigkreis mit Gänsefüllung belegen, zusammenklappen, die Ränder anfeuchten und fest andrücken. Die Piroggen im Frittierfett goldbraun ausbacken. Mit dem Krautsalat servieren.

REZEPT
„BOUILLABAISSE
MIT SAUCE
ROUILLE"
SIEHE S. 110

FISCH & CO.

Fangfrisch aus Flüssen, Seen oder aus dem Meer – so schmecken Fische und Schalentiere auf der ganzen Welt.

PORTUGIESISCHE GAZPACHO (ARJAMOLHO) MIT GARNELEN

Für 4 Personen | ca. 45 Min. Zubereitung | ca. 3 Min. Garzeit

Rezept von Sören Anders

FÜR DIE GAZPACHO:

125 g Weizenbrot (vom Vortag)
ca. 200 ml eisgekühlte kräftige
Gemüsebrühe
5 Tomaten
1 Salatgurke
2 Stangen Staudensellerie
je 2 rote und gelbe Paprikaschoten
2 Bund Basilikum
4 EL Olivenöl
60 ml Balsamico bianco
15 ml Himbeeressig
600 ml Tomatensaft
20 g Tomatenmark
Zucker
Salz • Pfeffer aus der Mühle
Piment d'Espelette
1 Spritzer Tabasco

FÜR DIE GARNELEN:

½ Bio-Zitrone
2–3 Stiele Basilikum
2 Knoblauchzehen
8 große Garnelen (ohne Kopf,
mit Schale)
2 EL Olivenöl

1. Für die Gazpacho das Brot in kleine Stücke schneiden, in einer Schüssel mit der Brühe übergießen und einweichen lassen.

2. Die Tomaten kreuzweise einritzen, überbrühen, häuten, vierteln und entkernen. Die Gurke schälen. Den Sellerie putzen und waschen. Die Paprikaschoten längs halbieren, entkernen und waschen. Das Basilikum waschen, trocken schütteln und die Blätter abzupfen.

3. Das Gemüse in feine Würfel schneiden, mit Basilikumblättern, Olivenöl, Balsamico, Himbeeressig, Tomatensaft und Tomatenmark mit dem Stabmixer fein pürieren. Nach Belieben durch ein Sieb passieren. Das eingeweichte Brot dazugeben, alles ggf. noch einmal kurz pürieren.

4. Die Suppe mit etwas Zucker, Salz, Pfeffer, 1 Prise Piment d'Espelette und Tabasco würzen. Bis zum Servieren kühl stellen.

5. Für die Garnelen die halbe Zitrone heiß waschen, trocken reiben und in Scheiben schneiden. Das Basilikum waschen, trocken tupfen und die Blätter abzupfen. Den Knoblauch schälen und in Scheiben schneiden. Die Garnelen mit der Schale am Rücken entlang einschneiden und den Darm entfernen. Waschen und trocken tupfen.

6. Das Olivenöl in einer Pfanne erhitzen, Knoblauch und Garnelen darin unter Wenden etwa 1 Minute goldbraun braten. Zitronenscheiben und Basilikum dazugeben und alles noch einmal kurz durchschwenken.

7. Die gut gekühlte Suppe auf Schälchen verteilen und mit den Garnelen servieren.

BOUILLABAISSE MIT SAUCE ROUILLE

Für 4 Personen | ca. 45 Min. Zubereitung | ca. 1 Std. 20 Min. Garzeit

Rezept von Tarik Rose (Rezeptfoto siehe S. 106)

FÜR DEN FOND:
1 Fenchelknolle
4 Schalotten
2–3 Knoblauchzehen
100 ml Olivenöl
1 kg Fischkarkassen
1 Bund Petersilie
2 Zweige Thymian
300 g Tomaten
50 ml Weißwein
20 ml Anisschnaps
Pfeffer aus der Mühle
2 EL Meersalz • 1 Sternanis
1 Msp. Safranfäden

FÜR DIE EINLAGE:
100 g Fenchel • 100 g Möhren
100 g rote Zwiebeln
600 g Seefischfilets (z. B. Dorade, Saibling) • 1–2 EL Öl
8 Garnelen (ohne Kopf, mit Schale)
1 EL Butter

FÜR DAS BAGUETTE MIT SAUCE:
2–3 gegarte Pellkartoffeln
1 rote Paprikaschote
ca. 120 ml Olivenöl
1 Chilischote
½ rote Zwiebel
1 sehr frisches Eigelb
Pfeffer aus der Mühle
1 Msp. Safranfäden
Salz • etwas abgeriebene Schale und Saft von 1 Bio-Zitrone
8–12 Scheiben Baguette
100 g Parmesan (am Stück)

1. Fenchel putzen, waschen und halbieren, den harten Strunk entfernen. Schalotten und Knoblauch schälen, alles in Würfel schneiden. Das Olivenöl in einem Topf erhitzen, Schalotten, Knoblauch und Fenchel darin andünsten.

2. Fischkarkassen und Kräuter waschen, abtropfen lassen bzw. trocken tupfen. Von der Petersilie die Blätter abzupfen. Tomaten waschen und vierteln, dabei die Stielansätze entfernen. Karkassen, Petersilienstiele und Thymian mit Tomaten, Wein, Schnaps, 2 l Wasser, Pfeffer, Salz und Sternanis sanft aufkochen und 1 Stunde ziehen lassen. Dann durch ein Passiersieb passieren. Den Fond noch einmal aufkochen. Mit Pfeffer, Safran und evtl. noch etwas Salz abschmecken.

3. Für die Einlage Fenchel, Möhren und Zwiebeln ggf. putzen, waschen bzw. schälen, fein würfeln, im Fond aufkochen. Fischfilets waschen, einlegen, sanft etwa 5 Minuten (je nach Dicke) garen. Garnelen schälen, den Darm entfernen (siehe S. 52), waschen, trocken tupfen und in einer Pfanne im Öl anbraten.

4. Für die Sauce die Kartoffeln pellen. Paprikaschote längs halbieren, entkernen, waschen, in Stücke schneiden und in 1 TL Olivenöl kurz anschmoren. Chili längs halbieren, entkernen, waschen und in Würfel schneiden. Zwiebel schälen und in Würfel schneiden. Die vorbereiteten Zutaten mit Eigelb, Pfeffer, Safran, Salz, Zitronenschale und -saft glatt mixen. 100 ml Olivenöl nach und nach in dünnem Strahl untermixen.

5. Baguettescheiben im übrigen Olivenöl anrösten. Zum Anrichten den Fisch aus dem Sud heben. Die Butter in den Fond einrühren, nochmals aufkochen. Den Fond auf tiefe Teller verteilen, Fische und Petersilienblätter dazugeben. Die Baguettescheiben mit der Sauce Rouille bestreichen. Parmesan reiben und darüberstreuen. Bouillabaisse mit dem Brot servieren.

EINTOPF VON DER FORELLE „JAPANISCH"

Für 4 Personen | ca. 40 Min. Zubereitung
ca. 30 Min. Garzeit

Rezept von Michael Kempf

ZUTATEN:

2 fangfrische Forellen
(à ca. 300 g; küchenfertig)
1 Lorbeerblatt
4 schwarze Pfefferkörner
1 Gewürznelke
10 Shiitakepilze
1 EL Öl
5 EL Sojasauce
20 g Ingwer
100 g Möhren
100 g weißer Rettich (ersatzweise
Knollensellerie)
ca. 50 g helle Misopaste (aus dem
Asialaden)
1 Spritzer Limettensaft
Meersalz
Pfeffer aus der Mühle
3 Frühlingszwiebeln
½ Bund Koriander

1. Die Forellen waschen, filetieren, entgräten und die Haut entfernen. Von den Karkassen die Kiemen entfernen. Gräten und Köpfe fein schneiden, kalt abbrausen und abtropfen lassen. In einem Topf mit kaltem Wasser bedecken. Sanft aufkochen lassen, gelegentlich Schaum abschöpfen.

2. Fond einmal kurz aufkochen, Lorbeer, Pfefferkörner und Gewürznelke dazugeben. Den Herd ausschalten, alles 5 Minuten ziehen lassen. Den Fond durch ein Passiersieb passieren und ½ l davon abmessen.

3. Die Pilze putzen und in einer Pfanne im Öl kräftig anbraten. Die Sojasauce angießen und die Pilze damit kurz glasieren. Anschließend in eine Schüssel geben und ziehen lassen.

4. Ingwer, Möhren und Rettich putzen, schälen, in feine Würfel schneiden. Forellenfond aufkochen, Misopaste einmixen, mit Limettensaft, Salz und Pfeffer würzen. Gemüsewürfel dazugeben und darin gar ziehen lassen, erneut abschmecken.

5. Forellenfilets in schräge, mundgerechte Stücke schneiden. Frühlingszwiebeln putzen, waschen, in sehr feine Scheiben schneiden. Koriander waschen, trocken schütteln und fein hacken.

6. Pilze abtropfen lassen, in feine Streifen schneiden. Pilze und Frühlingszwiebeln auf vorgewärmte tiefe Teller verteilen. Die Forellenfiletstücke darauf anrichten und den Koriander darüberstreuen. Die heiße Brühe direkt am Tisch aufgießen und den Eintopf vor dem Genuss noch kurz ziehen lassen.

NORDISCHER FISCHTELLER

Für 4 Personen | ca. 35 Min. Zubereitung | ca.15 Min. Garzeit

Rezept von Sören Anders

FÜR KIBBELING MIT REMOULADE:

125 g Mehl
1 Ei
200 ml mildes Bier
Salz
1 TL Currypulver
1 Schalotte
1 Gewürzgurke
3 Stiele Petersilie
100 g Mayonnaise
Pfeffer aus der Mühle
400 g Kabeljaufilet
200 ml Öl zum Frittieren

FÜR GRAVED LACHS MIT SENFSAUCE:

5 EL Dijon-Senf
1 EL Weißweinessig
5 EL Puderzucker
Pfeffer aus der Mühle
100 ml Sonnenblumenöl
Salz
400 g Graved Lachs

FÜR KRABBEN-RÜHREI:

1 Bund Schnittlauch
4 Eier
4 EL Milch
Salz • Pfeffer aus der Mühle
2 EL Butter
120 g Nordseekrabben (vorgegart und geschält)

1. Für den Kibbeling-Backteig das Mehl in eine Schüssel sieben, mit Ei, Bier (oder Wasser), 1 Prise Salz und Currypulver zu einem sämigen Teig schlagen. Kühl stellen.

2. Für die Remoulade die Schalotte schälen, in Würfel schneiden, in einem Topf mit kochendem Salzwasser blanchieren. Abgießen und abtropfen lassen. Gewürzgurke in feine Würfel schneiden. Petersilie waschen, trocken tupfen, fein hacken. Schalotte und Gurke mit der Mayonnaise verrühren, mit Salz und Pfeffer würzen. Fischfilet waschen, trocken tupfen und in mundgerechte Stücke schneiden. Mit Salz und Pfeffer würzen.

3. Frittierfett in einem hohen Topf erhitzen. Fischstücke vollständig in den Backteig tauchen, dann nacheinander in heißem Fett schwimmend goldbraun und knusprig backen. Warm stellen, bis alle Filets gebacken sind. Kibbeling mit Remoulade servieren.

4. Für den Graved Lachs mit Senfsauce in einer Schüssel Senf, Essig, Puderzucker und 1 TL Pfeffer mit dem Handrührgerät verrühren, bis sich der Zucker aufgelöst hat. Nach und nach unter Rühren das Öl dazugeben, bis eine sirupartige Sauce entsteht. Mit Salz abschmecken. Den Lachs in dünne Scheiben aufschneiden und mit der Senfsauce servieren.

5. Für das Krabben-Rührei Schnittlauch waschen, trocken schütteln, fein schneiden. Die Eier aufschlagen und mit der Milch verquirlen. Mit Salz und Pfeffer würzen.

6. In einer Pfanne bei mittlerer Hitze die Butter erhitzen, die Eiermasse vorsichtig darin leicht stocken lassen. Das Ei von außen nach innen schieben. Die Krabben untermischen. Das Rührei nicht völlig fest werden lassen, mit Schnittlauch bestreut servieren. Dazu passt Schwarzbrot mit Butter.

ZANDER MIT LIMETTEN-MAYONNAISE UND TABOULÉ

Für 4 Personen | ca. 30 Min. Zubereitung | ca. 10 Min. Garzeit | ca. 10 Min. Quellzeit

Rezept von Ali Güngörmüs

FÜR DAS TABOULÉ:

100 g Bulgur
300 ml Gemüsebrühe
2 EL Pinienkerne
70 g getrocknete Tomaten
5 EL Olivenöl
1 Bund Petersilie
1 Bund Minze
Salz • Pfeffer aus der Mühle
Saft von ½ Orange
Saft von 1 Zitrone

FÜR DIE MAYONNAISE:

2 sehr frische Eigelb
1 EL Gemüsebrühe
145 ml Rapsöl
Salz • Pfeffer aus der Mühle
Zucker
abgeriebene Schale und Saft von
½ Bio-Limette
4 Zanderfilets mit Haut (küchenfertig; à 80 g)

1. Für das Taboulé den Bulgur in einem Topf geben. Die Brühe aufkochen und über den Bulgur gießen. Zugedeckt etwa 10 Minuten quellen lassen.

2. Inzwischen die Pinienkerne in einer Pfanne ohne Fett unter ständigem Wenden leicht anrösten. Auf einem Teller auskühlen lassen. Die getrockneten Tomaten fein hacken.

3. Tomaten, Pinienkerne und Olivenöl unter den Bulgur mischen. Petersilie und Minze waschen, trocken schütteln, Blätter abzupfen und fein hacken. Das Taboulé mit den Kräutern, Salz, Pfeffer, Orangen- und Zitronensaft würzen. Kühl stellen.

4. Für die Mayonnaise Eigelbe und Brühe in einem hohen, schmalen Rührbecher mit dem Stabmixer aufrühren, dabei nach und nach etwa 100 ml Rapsöl dazugießen und so lange mixen, bis eine dickliche Mayonnaise entsteht. Mit Salz, Pfeffer, Zucker, Limettenschale und -saft abschmecken.

5. Die Zanderfilets waschen und trocken tupfen. Das übrige Rapsöl in einer Pfanne erhitzen. Die Filets auf der Hautseite darin goldbraun braten. Vorsichtig wenden und kurz fertig braten.

6. Das Taboulé nochmals mit Salz, Pfeffer und Zitronensaft abschmecken. Auf vier Teller verteilen und die Filets darauf anrichten. Die Limetten-Mayonnaise dazu reichen.

GEGRILLTE SARDINEN IN ZITRONENMARINADE

Für 4 Personen | ca. 45 Min. Zubereitung | ca. 25 Min. Garzeit | ca.15 Min. Backzeit | ca. 30 Min. Ruhezeit
Rezept von Jacqueline Amirfallah

FÜR DAS KNOBLAUCHBROT:
4 Knoblauchzehen
1 Würfel Hefe (42 g)
Zucker
¼ l laumwarme Milch
500 g Mehl
Salz
50 g Butter

FÜR DIE SARDINEN:
3 rote Paprikaschoten
1 rote Zwiebel
10 g Ingwer
1 Knoblauchzehe
80 ml Olivenöl
Salz
Zucker
1 Bund Thymian
Saft und abgeriebene Schale von
1 Bio-Zitrone
12 Sardinen (ca. 12 cm lang,
küchenfertig vorbereitet)
1 Bund Basilikum

FÜR DEN SALAT:
4 Römersalatherzen
1 rote Zwiebel
Saft von 1 Zitrone
2 EL Olivenöl
Salz

1. Für das Knoblauchbrot den Knoblauch schälen, fein würfeln. Hefe mit Zucker in der Milch auflösen. Mehl mit 1 Prise Salz und Knoblauch in eine Schüssel geben, eine Mulde eindrücken, Butter und Hefe hineingeben und alles etwa 8 Minuten zu einem glatten Teig verkneten. Zudeckt etwa 30 Minuten gehen lassen. Backofen auf 230°C (evtl. mit Backstein) vorheizen. Aus dem Teig längliche Baguettebrötchen formen, auf ein mit Backpapier belegtes Backblech (oder direkt auf den Backstein) legen. Im Ofen auf der mittleren Schiene etwa 13 bis 15 Minuten backen.

2. Für die Sardinen die Paprikaschoten längs halbieren, entkernen, waschen, in etwa 2 cm große Stücke schneiden. Zwiebel, Ingwer und Knoblauch schälen, fein würfeln. In einer Pfanne ein Drittel des Olivenöls erhitzen, Zwiebeln darin andünsten. Ingwer und Knoblauch mitdünsten, die Paprikastücke dazugeben und weich schmoren, mit Salz und 1 Prise Zucker würzen. Beiseitestellen.

3. Thymian waschen, trocken schütteln und von 2 Zweigen die Blätter abzupfen. Zitronensaft und -schale und die Hälfte des restlichen Olivenöls in einer Auflaufform mischen, mit Salz und Zucker würzen, Thymianblätter untermischen. Sardinen kalt waschen, abtrocknen, mit Salz würzen, restlichen Thymian in die Bauchhöhlen verteilen. Sardinen mit restlichem Olivenöl bepinseln. Auf dem vorgeheizten Grill auf jeder Seite 3 bis 4 Minuten oder in einer Grillpfanne braten. Sardinen in die Zitronenmarinade legen. Basilikum waschen, trocken schütteln, fein schneiden, über die Sardinen streuen. Geschmorte Paprikaschote mit dem Stabmixer pürieren, mit Salz und Zucker würzen.

4. Für den Salat die Salatherzen in Blätter teilen, waschen, trocken schleudern. Zwiebel schälen, halbieren, in feine Streifen schneiden. Salat mit Zitronensaft und Olivenöl marinieren, mit Salz würzen und Zwiebelstreifen darüberstreuen. Sardinen aus der Marinade nehmen, Paprikapüree, Salat und Brot dazu reichen.

KARPFEN ZU GEMÜSE MIT INGWER UND ZITRONENGRAS

Für 4 Personen | ca. 35 Min. Zubereitung | ca. 30 Min. Garzeit | ca. 3 Std. 20 Min. Ziehzeit

Rezept von Jörg Sackmann

ZUTATEN:

2 Schalotten
2 Knoblauchzehen
3 Scheiben Ingwer
1 Stängel Zitronengras
5 EL Olivenöl
5 Korianderkörner
5 schwarze Pfefferkörner
1 TL brauner Zucker
50 ml Balsamico bianco
120 ml trockener Wermut
350 ml Fisch- oder Hühnerbrühe
1 EL Walnussöl
1 EL Erdnussöl
1 TL helles Sesamöl
Zitronensaft
Salz • Pfeffer aus der Mühle
je ½ Bund Petersilie und Basilikum
2 Möhren
1 Kohlrabi
1 Fenchelknolle
1 rote Paprikaschote
1 Stange Staudensellerie
1 Tomate
4 Karpfenfilets (ohne Haut; à 150 g)

1. Schalotten, Knoblauch und Ingwer schälen, in feine Würfel schneiden. Vom Zitronengras die welken Außenblätter und die obere, trockene Hälfte entfernen, die untere Hälfte fein schneiden. Schalotten, Knoblauch, Zitronengras und Ingwer in 1 EL Olivenöl andünsten. Koriander und Pfeffer mörsern, dazugeben. Alles mit Zucker bestreuen und leicht karamellisieren. Essig und Wermut angießen, nahezu vollständig einkochen lassen. Brühe angießen, aufkochen, dann den Topf vom Herd ziehen und den Sud 20 Minuten ziehen lassen. Mit Walnuss-, Erdnuss- und Sesamöl, Zitronensaft, Salz und Pfeffer würzen.

2. Kräuter waschen, trocken schütteln, die Blätter abzupfen (Stiele aufheben!). Möhren und Kohlrabi putzen, schälen und jeweils in etwa 5 mm dicke Scheiben schneiden. Fenchel putzen, waschen und halbieren, den harten Strunk entfernen. Die Hälften in sehr feine Scheiben schneiden. Paprikaschote längs halbieren, entkernen, waschen und in 1½ cm große Rauten schneiden. 2 EL Olivenöl in einer tiefen Pfanne erhitzen, das Gemüse darin andünsten. Mit so viel Wasser ablöschen, dass das Gemüse knapp bedeckt ist. Die Kräuterstiele dazugeben. Das Gemüse bei schwacher Hitze garen, dann in den Sud geben.

3. Sellerie waschen, schräg in 5 mm feine Scheiben schneiden, in 1 EL Olivenöl andünsten. Tomate kreuzweise einritzen, überbrühen, häuten, vierteln und entkernen. Fruchtfleisch in feine Würfel schneiden. Mit dem Sellerie zum Gemüse in den Sud geben und mindestens 3 Stunden ziehen lassen.

4. Fischfilets waschen, trocken tupfen, mit Salz, Pfeffer und etwas Zitronensaft würzen. Im restlichen Olivenöl kurz von beiden Seiten braten. Gemüse im Sud erwärmen, Filets hineinlegen. Kräuterblätter grob hacken und darüberstreuen. Fischfilets und mariniertes Gemüse anrichten und servieren.

GARNELEN-KROKETTEN MIT CURRY

Für 2 Personen | ca. 40 Min. Zubereitung
ca. 40 Min. Garzeit
Rezept von Otto Koch

FÜR DEN REIS:
80 g Basmatireis
Salz
etwas Butter für die Formen

FÜR DIE CURRYSAUCE:
1 Zwiebel
1 Knoblauchzehe
½ Banane
½ Apfel (z.B. Boskop)
2 EL Sonnenblumenöl
1 TL Currypulver
2 EL Mehl
200 ml Fischfond oder Hühnerbrühe (z.B. aus dem Glas)
100 ml Kokosmilch
Salz

FÜR DIE KROKETTEN:
2 Eier
250 g Garnelen (ohne Kopf,
geschält)
100 g Sahne
Salz • Pfeffer aus der Mühle
gemahlener Ingwer
60 g Weißbrotbrösel
etwa 350 g Frittierfett

1. Für den Reis den Reis in einem Sieb mit lauwarmem Wasser abspülen, dann nach Packungsanweisung in Salzwasser garen.

2. Für die Currysauce Zwiebel und Knoblauch schälen, in feine Würfel schneiden. Banane und Apfel schälen. Den Apfel vierteln, das Kerngehäuse entfernen. Banane und Apfelviertel grob schneiden. Zwiebel und Knoblauch in einem Topf im Öl andünsten. Bananen- und Apfelstücke kurz mitdünsten. Currypulver unterrühren, alles mit 1 TL Mehl bestäuben. Fond und Kokosmilch unter Rühren angießen, 15 Minuten köcheln lassen.

3. Für die Kroketten die Eier trennen. Die Garnelen am Rücken entlang einschneiden und den Darm entfernen, Garnelen auf einem Sieb waschen und abtropfen lassen. Klein schneiden, mit Eiweiß und Sahne in einem Mixer rasch zu einer feinen Farce verarbeiten. Mit Salz, Pfeffer und Ingwer würzen (ist die Mischung zu dünn, 2 EL Weißbrotbrösel untermischen).

4. Die Masse mit angefeuchteten Händen zu fingerlangen Kroketten formen. Diese erst im restlichen Mehl, dann in verquirltem Eigelb, zuletzt in den Weißbrotbröseln wenden. Das Frittierfett erhitzen und die Kroketten darin goldbraun ausbacken. Auf Küchenpapier abtropfen lassen.

5. Die Sauce fein pürieren und mit Salz abschmecken. Den Reis abgießen, in zwei gebutterte Souffléformen oder Kaffeetassen geben und in die Mitte eines Tellers stürzen. Die Sauce angießen und die Kroketten darauf anrichten.

MIESMUSCHELN MIT BAND- NUDELN

Für 4 Personen | ca. 30 Min. Zubereitung
ca. 35 Min. Garzeit | ca. 30 Min. Ruhezeit
Rezept von Jacqueline Amirfallah

FÜR DIE BANDNUDELN:
250 g Hartweizenmehl
2 Eier
2 Eigelb
1 EL Olivenöl
Salz
Mehl zum Bestäuben

FÜR DIE MIESMUSCHELN:
2 kg Miesmuscheln
1 Zwiebel
1 Knoblauchzehe
1 Staudensellerie
2 EL Olivenöl
¼ l Weißwein
1 Zweig Thymian
1 Lorbeerblatt
1 EL kalte Butter

1. Für die Bandnudeln Mehl, Eier, Eigelbe, Olivenöl und etwas Salz zu einem glatten, geschmeidigen Teig kneten (ist er zu fest, noch 1 bis 2 EL warmes Wasser unterkneten). Den Teig in Frischhaltefolie gewickelt im Kühlschrank 30 Minuten ruhen lassen.

2. Nudelteig zu dünnen Bahnen ausrollen. Diese gut mit Mehl bestäuben, zusammenrollen und in feine Streifen schneiden.

3. Für die Muscheln die Muscheln unter fließendem, kaltem Wasser gründlich abbürsten, Bärte entfernen. Geöffnete Muscheln aussortieren. Zwiebel, Knoblauch und Sellerie schälen bzw. putzen und in Stücke schneiden. Olivenöl in einem großen Topf erhitzen. Zwiebel, Knoblauch und Sellerie darin anbraten. Muscheln dazugeben, mit Wein ablöschen. Thymian waschen und trocken tupfen. Mit dem Lorbeer zu den Muscheln geben. Den Fond bei starker Hitze aufkochen und die Muscheln zugedeckt etwa 5 Minuten garen, dabei zwischendurch wenden.

4. Nach dem Garen noch geschlossene Muscheln aussortieren. Den Sud in einen Topf passieren, das Gemüse wieder dazugeben und aufkochen. Kalte Butter unterrühren, das Gemüse im Sud mit dem Stabmixer pürieren.

5. Bandnudeln in reichlich Salzwasser bissfest garen. Muscheln aus den Schalen lösen und in der Gemüsesauce kurz erhitzen. Die Nudeln abgießen, abtropfen lassen und mit der Muschel-Gemüsesauce servieren.

CHILI-WASABI-PRAWNS MIT CHUTNEY UND ASIA-SALAT

Für 2 Personen | ca. 35 Min. Zubereitung | ca.10 Min. Garzeit | ca. 30 Min. Ziehzeit

Rezept von Karlheinz Hauser

FÜR CHUTNEY UND SALAT:
150 g Mangofruchtfleisch
Zucker • Salz
30 ml Sushi-Essig
70 ml Hühnerbrühe (aus dem Glas)
200 g Möhren
50 g Staudensellerie
je 50 g rote und gelbe Paprikaschote
50 g Zuckerschoten
50 g Sojasprossen
50 g Cashewkerne
100 ml Ketjab-manis-Sauce (indonesische Würzsauce; aus dem Asialaden)
je 50 ml Austern- und Sweet-&-Sour-Plum-Sauce (aus dem Asialaden)
Saft von 1 Limette
10 g Honig
1 Spritzer Sesamöl

FÜR DIE DIPS UND PRAWNS:
1 TL schwarze Sesamsamen
1 TL weiße Sesamsamen
3 Stiele Koriander
100 ml Sweet-Chili-Chicken-Sauce (aus dem Asialaden)
10 g Wasabipulver
30 g Mayonnaise
30 g Magerquark
Zucker
6 Prawns (Riesengarnelen; ohne Kopf, mit Schale)
1 EL Sonnenblumenöl
Salz • Pfeffer aus der Mühle

1. Für das Chutney 100 g Mango in feine Würfel schneiden. Übrige Mango mit je 1 TL Zucker und Salz, Essig und 30 ml Brühe in einem Topf etwa 5 Minuten köcheln lassen. Pürieren, passieren und kühl stellen. Die Mangowürfel vor dem Servieren daruntermischen. Das Chutney nochmals abschmecken.

2. Für den Salat Möhren und Sellerie putzen und waschen bzw. schälen. Paprikaschoten längs halbieren, entkernen und waschen. Zuckerschoten putzen und waschen. Alles Gemüse in feine Streifen schneiden und in eine Schüssel geben. Die Sojasprossen mit heißem Wasser abbrausen und abtropfen lassen. Mit den Cashewkerne zu den Salatzutaten geben. Die Saucen, etwas Zucker und Salz, Limettensaft, restliche Brühe, Honig sowie Sesamöl zu einer Marinade verrühren, über den Salat geben und 30 Minuten ziehen lassen.

3. Für den Chilidip schwarzen und weißen Sesam ohne Fett anrösten. Koriander waschen, trocken schütteln und hacken. Alles mit der Sweet-Chili-Chicken-Sauce mischen.

4. Für den Wasabidip das Wasabipulver in etwas Wasser anrühren, mit Mayonnaise, Magerquark und etwas Zucker mischen. Beide Dips bis zum Servieren kühl stellen.

5. Die Prawns aus den Schalen lösen. Mit einem Messer am Rücken entlang nicht zu tief einschneiden, den Darm entfernen. Waschen und trocken tupfen. Das Öl in einer Pfanne erhitzen, die Prawns mit Salz und Pfeffer würzen und im Öl auf jeder Seite etwa 1 Minute anbraten.

6. Den Salat auf tiefe Teller verteilen und mit den Prawns anrichten. Die Dips und das Chutney dazu reichen.

PAPAS ARRUGADAS MIT MOJO UND CALAMARETTI

Für 4 Personen | ca. 35 Min. Zubereitung | ca. 35 Min. Garzeit

Rezept von Jacqueline Amirfallah

FÜR DIE PAPAS ARRUGADAS:
1 kg kleine, vorwiegend
festkochende Kartoffeln
2 EL Meersalz

FÜR DIE MOJO VERDE:
1 Bund Petersilie
1 Bund Koriander
1 grüne Paprikaschote
4 Knoblauchzehen
Saft und etwas abgeriebene
Schale von 1 Bio-Limette
½ TL Kreuzkümmel
50 ml Olivenöl
Salz • Pfeffer aus der Mühle

FÜR DIE MOJO ROJO:
3 Tomaten
2 rote Paprikaschoten
1 rote Chilischote
2 Knoblauchzehen
2 EL Paprikapulver, edelsüß
½ TL Kreuzkümmel
20 ml Rotweinessig
30 ml Olivenöl

FÜR DIE CALAMARETTI:
500 g Calamaretti (kleine
Tintenfische)
2 EL Olivenöl
Salz

1. Für die Papas arrugadas die Kartoffeln mit der Schale gründlich waschen. In einem Topf knapp mit Wasser bedecken und das Meersalz dazugeben. Den Topf mit einem Küchentuch bedecken (kein Deckel, das Wasser muss verkochen!), die Kartoffeln aufkochen und bei mittlerer Hitze 20 Minuten garen.

2. Für die Mojo verde die Kräuter waschen, trocken schütteln und die Blätter abzupfen. Die Paprikaschote längs halbieren, entkernen, waschen und in Würfel schneiden. Den Knoblauch schälen und in Würfel schneiden. Mit Kräutern, Paprika, Limettensaft und -schale, Kreuzkümmel und Olivenöl im Mixer fein pürieren. Die Sauce mit Salz und Pfeffer würzen.

3. Für die Mojo rojo die Tomaten kreuzweise einritzen, überbrühen, häuten, vierteln und entkernen. Paprikaschoten und Chili längs halbieren, entkernen, waschen und in Würfel schneiden. Den Knoblauch schälen und in Würfel schneiden. Mit Paprika, Chili, Tomaten, Paprikapulver, Kreuzkümmel, Essig und Olivenöl im Mixer pürieren.

4. Die Kartoffeln abgießen. Den Topf mit dem Küchentuch bedeckt wieder auf die Herdplatte stellen. Die verbleibende Restwärme nutzen, um das restliche Wasser im Topf verdampfen zu lassen. Dabei soll sich auf den runzelig aussehenden Kartoffeln eine feine Salzkruste bilden.

5. Für die Calamaretti die Calamaretti putzen, gründlich waschen und trocken tupfen. Das Olivenöl in einer Pfanne stark erhitzen und die Calamaretti darin rundum kurz anbraten und mit Salz würzen.

6. Kartoffeln (Papas arrugadas) und Calamaretti mit den beiden Saucen servieren.

SÜSS UND FRUCHTIG

MARONEN-CRÊPES MIT PFLAUMEN

Für 4 Personen | 15 Min. Zubereitung | 35 Min. Garzeit
Rezept von Martina Kömpel

FÜR DAS PFLAUMENKOMPOTT: 1 kg Pflaumen
1 kleine Zimtstange • 1 Stück Bio-Zitronenschale
2 EL Muscovado-Zucker + Zucker zum Nachsüßen
1 TL Maisstärke
FÜR DIE CRÊPES: 50 g Maisstärke • 80 g Maronenmehl
(aus dem Feinkostladen oder online bestellen) • 2 TL
Sonnenblumenöl • 2 EL Agavensirup • 2 Eier (Gr. M)
2 Eigelb (Gr. M) • 400 ml ungesüßter Reisdrink (aus
dem Bioladen) • etwas Öl zum Braten

1. Für das Kompott die Pflaumen waschen, abtropfen lassen und entsteinen. Zimtstange, Zitronenschale, Zucker und etwa 150 ml Wasser in einem Topf aufkochen. Pflaumen darin zugedeckt knapp weich dünsten.

2. Stärke mit wenig kaltem Wasser glatt rühren. Den Topf vom Herd ziehen, die Stärkemischung unter das Kompott rühren. Topf wieder auf den Herd stellen und das Kompott unter Rühren kurz aufkochen. Nach Geschmack mit Zucker nachsüßen. Das Kompott in eine Schüssel füllen, nach Belieben abkühlen lassen.

3. Für die Crêpes Stärke und Mehl in einer Rührschüssel mischen. Öl, Sirup, Eier, Eigelbe und Reisdrink mit den Quirlen des Handrührgeräts glatt unterrühren.

4. Eine kleine beschichtete Pfanne erhitzen, dünn mit Öl ausstreichen. Etwas Teig hineingießen, durch Schwenken in der Pfanne dünn verteilen und zu einem goldbraunen Crêpe backen. Im Backofen kurz warm halten.

5. Aus dem Teig nach und nach weitere hauchdünne Crêpes backen (pro Person etwa 3 Stück). Die Crêpes mit dem Pflaumenkompott anrichten.

CASSATA
MIT RICOTTA

Für 6 Personen | ca. 40 Min. Zubereitung | 4 Std. Kühlzeit
Rezept von Otto Koch

ZUTATEN: 1 Biskuitboden (Ø ca. 20 cm) • 250 g kandierte Früchte • 50 g Zartbitterschokolade • 250 g Ricotta 50 g Zucker • 50 ml Kirschlikör • 125 g Sahne • ½ Vanilleschote • 30 g Pistazienkerne

1. Den Biskuitboden zweimal waagerecht durchschneiden. Die 3 Scheiben wie folgt zurechtschneiden: Eine genau auf den Durchmesser einer Metallschüssel (1 l Fassungsvermögen), eine etwas größer und eine etwas kleiner. Die größte Biskuitscheibe in Stücke schneiden und die Schüssel damit auslegen.

2. Kandierte Früchte und Schokolade in kleine Stücke schneiden. Ricotta abtropfen lassen, mit 40 g Zucker vermischen, Früchte und Schokoladenstücke dazugeben (je 25 g der Früchte und 10 g Schokolade für die Verzierung beiseitelegen). Alles gut verrühren.

3. Den Biskuitboden in der Schüssel mit etwas Kirschlikör tränken und etwa die Hälfte der Ricottamasse darübergeben. Die mittlere Biskuitscheibe darauflegen und mit Kirschlikör beträufeln. Die restliche Ricottamasse darübergeben und mit der kleinsten Biskuitscheibe belegen. Leicht glatt drücken und mindestens 4 Stunden kühl stellen.

4. Die Sahne steif schlagen. Das Mark der Vanilleschote mit einem spitzen Messer herauskratzen, mit dem restlichen Zucker unter die Sahne rühren.

5. Die Cassata stürzen, mit der Sahne bestreichen und mit den restlichen kandierten Früchten und gehackter Schokolade bestreuen und verzieren. Die Seitenränder mit gehackten Pistazien verzieren.

SÜSSE MINIS

MOKKA-CUPCAKES

Für 12 Stück | 35 Min. Zubereitung | 20 Min. Backzeit
Rezept von Cynthia Barcomi

FÜR DIE CUPCAKES: 1 ½ TL Instant-Espressopulver 125 ml stark gebrühter Kaffee oder Espresso • 125 ml Milch • 1 TL Vanilleextrakt • 1 Ei • 180 g Mehl • 40 g ungesüßtes Kakaopulver • 1 TL Backpulver • ½ TL Natron Salz • 75 g Zucker • 75 g brauner Zucker • 125 g weiche Butter **FÜR DAS FROSTING:** 1 ½ TL Instant-Espressopulver • 1 ½ TL Vanilleextrakt • 125 g weiche Butter 125 g Puderzucker • 12 schokolierte Espressobohnen

---

1. Den Backofen auf 180°C Umluft vorheizen. Für die Cupcakes eine 12er-Muffinform mit Papierförmchen auslegen. Das Espressopulver im gebrühten Kaffee auflösen. Milch, Vanilleextrakt und das Ei unterrühren.

2. Mehl, Kakao, Backpulver, Natron, 1 Prise Salz und beide Zucker in einer Schüssel vermischen. Die Butter in kleinen Stücken mit den Fingerspitzen krümelig einarbeiten. Die Kaffee-Milch-Mischung unterheben.

3. Den Teig gleichmäßig auf die Backförmchen verteilen, im Ofen auf der mittleren Schiene etwa 20 Minuten backen. Die Stäbchenprobe machen: Wenn an einem hineingestochenen Holzstäbchen kein Teig mehr hängen bleibt, sind die Cupcakes fertig. Aus dem Ofen nehmen, abkühlen lassen.

4. Für das Frosting Espressopulver und Vanilleextrakt mischen. Butter mit dem Handrührgerät 5 Minuten cremig aufschlagen, bei niedriger Stufe nach und nach den Puderzucker unterrühren. Espresso-Vanille-Mischung hinzufügen, bei steigender Geschwindigkeit die Creme etwa 3 Minuten fluffig rühren. Frosting in einen Spritzbeutel geben, Cupcakes damit verzieren. Je 1 Espressobohne daraufsetzen.

CHOCOLATE-CHIP-COOKIES

Für ca. 40 Stück | ca. 40 Min. Zubereitung
ca.14 Min. Backzeit

Rezept von Cynthia Barcomi

ZUTATEN: 300 g Zartbitterschokolade • 200 g weiße Schokolade • 60 g Macadamianüsse (leicht gesalzen und geröstet) • 300 g Mehl • 125 g Speisestärke • 1 TL Natron • 1 TL Backpulver • Salz • 250 g weiche Butter 220 g brauner Zucker (z.B. Muscovado oder Rohrzucker) • 170 g Zucker • 2 Eier • 1 TL Vanilleextrakt

1. Den Backofen auf 175 °C Umluft vorheizen. Ein Backblech mit Backpapier belegen. Zartbitter- und weiße Schokolade getrennt grob hacken. Macadamianüsse ebenfalls grob hacken.

2. Mehl, Stärke, Natron, Backpulver und 1 Prise Salz in eine Schüssel sieben. Mit den Quirlen des Handrührgeräts Butter und beide Zucker in einer zweiten Schüssel cremig-hell aufschlagen. Nach und nach die Eier, dann den Vanilleextrakt untermischen. Die Mehl-Backpulver-Mischung rasch bei niedrigster Stufe unterrühren.

3. Den Teig halbieren, auf zwei Schüsseln verteilen. Unter eine Teighälfte die Zartbitterschokolade, unter die andere weiße Schokolade und Nüsse heben.

4. Mit einem Esslöffel oder einem Eisportionierer kleine Teighaufen in etwa 3 cm Abstand auf das Backblech setzen (nicht platt drücken). Darauf achten, dass alle Häufchen die gleiche Größe haben.

5. Die Cookies im Ofen auf der mittleren Schiene 11 bis 14 Minuten goldbraun backen. Nach dem Backen auf einem Kuchengitter auskühlen lassen.

BROT UND BRÖTCHEN

BURGER-BRÖTCHEN

Für 8 Stück | ca. 15 Min. Zubereitung
ca. 25 Min. Backzeit | ca. 1 Std. 20 Min. Gehzeit
Rezept von Rainer Klutsch

ZUTATEN: 500 g Dinkelmehl + Mehl zum Arbeiten und
für das Backblech • 20 g Hefe • Salz • 2 EL Olivenöl

1. Mehl, Hefe, 1 Prise Salz und Olivenöl mit 40 ml Wasser in einer Schüssel mit den Knethaken des Handrührgeräts zu einem glatten Teig verkneten. Zugedeckt etwa 30 Minuten bei Zimmertemperatur gehen
   lassen. Dann nochmals von Hand durchkneten und
   wieder zugedeckt 30 Minuten gehen lassen.

2. Den Teig zwischen bemehlten Händen zu 8 gleich
   großen Kugeln formen. Ein Backblech mit Mehl bestäuben und die Kugeln daraufsetzen. Die Teigkugeln
   jeweils der Länge nach mit einem Messer einschneiden, mit einem sauberen Küchentuch bedecken und
   20 Minuten gehen lassen.

3. Inzwischen den Backofen auf 180 °C vorheizen.

4. Das Küchentuch vom Backblech entfernen und die
   Teigkugeln im Ofen auf der mittleren Schiene etwa
   25 Minuten backen. Anschließend auf einem Kuchengitter auskühlen lassen.

BALLONBROT (BHATURA)

Für 8 Stück | ca. 20 Min. Zubereitung
ca. 4 Min. Garzeit | ca. 2 Std. Gehzeit
Rezept von Nicole Just

ZUTATEN: 200 g Mehl + Mehl für die Arbeitsfläche
3 g Trockenhefe • ½ TL Salz • 1 TL Zucker • 1 EL Öl
125 ml Pilsbier (zimmerwarm) • Öl zum Frittieren

1. Mehl, Hefe, Salz und Zucker in einer Schüssel mischen. Öl und Pils unterrühren, alle Zutaten mit den Händen rasch glatt verkneten.

2. Den Teig zu einer Kugel formen und zugedeckt an einem warmen Ort etwa 2 Stunden gehen lassen.

3. Den Brotteig zu einer etwa 25 cm langen Rolle formen, davon 8 gleich große Stücke abstechen.

4. 2 Fingerbreit Öl in einem weiten Topf erhitzen. Die Teigstücke auf der bemehlten Arbeitsfläche zu 1 bis 2 mm dünnen Fladen ausrollen und einzeln im Fett ausbacken. Dabei mit der Schaumkelle immer wieder Öl auf die Oberseite der Fladen geben. Sobald die Brotoberseite zu einem Ballon aufgegangen ist, umdrehen und etwa 10 Sekunden von der anderen Seite frittieren.

5. Die Fladen auf Küchenpapier abtropfen lassen. So nacheinander alle Ballonbrote ausbacken.

Schritt für Schritt

HINTER DEN KULISSEN

Die ARD-Buffet-Köche kennen die leckersten Rezepte und haben jede Menge praktische Tipps für die Küche. Dabei spüren sie stets aktuellen Trends in der Kochszene nach.

EXOTISCHES AUS ALLER WELT

International, raffiniert, authentisch: Nicht nur **Jacqueline Amirfallah**, auch andere Spitzenköche aus dem bunt gemischten Team des ARD-Buffet werfen gerne einen Blick in die Töpfe und Pfannen anderer Länder. So bringt etwa **Ali Güngörmüs** immer wieder Spezialitäten aus seiner türkischen Heimat auf den Teller, während Altmeister wie **Vincent Klink** oder **Otto Koch** unter anderem Erfahrungen und Zutaten verarbeiten, die sie auf ihren zahlreichen Auslandsstationen kennen- und schätzen lernten. Aber auch junge Nachwuchs-Stars, wie **Sören Anders, Michael Kempf** oder **Nicole Just,** experimentieren gerne mal mit exotischen Einflüssen. Mehr Weltküche gibt es jeden Mittwoch im ARD-Buffet, ab 12.15 Uhr im Ersten.

NOCH MEHR REZEPTE ...

Egal ob Fleisch, Fisch, vegetarisch oder vegan – neue Rezepte gibt es jeden Tag von Montag bis Freitag um 12.15 Uhr im ARD-Buffet im Ersten. Wer eine Sendung verpasst, mehr über unsere Köche wissen oder sich einfach inspirieren lassen möchte, findet darüber hinaus auf www.swr.de/buffet nicht nur die Rezepte der aktuellen Woche, sondern auch alle Gerichte der vergangenen Monate. Also, ran an den Topf und nachgekocht!

REGISTER

IMPRESSUM

© **2017 ZS Verlag GmbH**
Kaiserstraße 14 b
D-80801 München

ISBN 978-3-89883-705-7
1. Auflage 2017

Projektleitung: Katharina Wolf
Vorwort: Sinje Matzner
Texte: Katinka Holupirek, Katja Rötzer
Redaktion SWR: Claus Kober, Helma Heldberg, Susanne Schey
Lektorat: Katja Rötzer
Grafische Gestaltung: independent Medien-Design, Horst Moser, München
Satz: TextArt; Irene Schulz
Fotografie: Tanja Major
Requisite: Veronika Riedl
Herstellung: Frank Jansen
Producing: Jan Russok
Druck & Bindung: optimal media GmbH, Röbel

Lizenziert durch SWR Media Services GmbH

Die ZS Verlag GmbH ist ein Unternehmen der Edel AG, Hamburg.
www.zsverlag.de | www.facebook.com/zsverlag

BILDNACHWEIS

alle Fotos von Tanja Major, außer: SWR/Stephanie Schweigert: S. 66, S. 67 (oben),
SWR/ZS/Iris Rothe: S. 67 (unten), SWR/Simon Ketteniss: S. 132

Im Buch enthaltene Foodfotos können zur eigenen Nutzung erworben werden unter
www.stockfood.com

UNSERE FOTOGRAFIN: Kochen und Fotografie sind die großen Leidenschaften von Tanja Major.
Sie lernte das Kochen von der Pike auf in Gourmet- und Sterneküchen. Seit 1994 arbeitet sie als
Foodstylistin und Fotografin für Buchverlage, Foodmagazine und Werbung. www.tanja-major.de

HINWEIS: Sofern nicht anders angegeben, beziehen sich die Backofentemperaturen
auf die Ofeneinstellung Ober-/Unterhitze.

Auf den Geschmack gekommen?

Von Spitzenköchen inspiriert — alltagstaugliche und zugleich raffinierte Rezepte zu den aktuellsten Kochtrends.

ARD-Buffet
Kochtrends für jeden
€ [D] 16,99
ISBN 978-3-89883-581-7

Die Klassiker sind wieder da — die besten Heimatrezepte von Vincent Klink, Otto Koch und weiteren ARD-Buffet-Köchen.

ARD-Buffet
Heimatküche
€ [D] 16,99
ISBN 978-3-89883-663-0